Teoria e Prática

Raça e Justiça Restaurativa

Série Da Reflexão à Ação

Fania E. Davis

Raça e Justiça Restaurativa

Vidas Negras, Cura e Transformação Social nos EUA

Tradução
Fernanda Ferreira Pradal
Renata Saggioro Davis

Palas Athena

Título original: *The Little Book of Race and Restorative Justice: Black Lives, Healing and US Social Transformation*

Grafia segundo o Acordo Ortográfico da Língua Portuguesa de 1990, que entrou em vigor no Brasil em 2009.

Coordenação editorial: Lia Diskin
Revisão Técnica: Tônia Van Acker
Revisão de Provas: Rejane Moura
Projeto gráfico: Vera Rosenthal
Capa, produção e diagramação: Tony Rodrigues

Dados Internacionais de Catalogação na Publicação (CIP)
(Câmara Brasileira do Livro, SP, Brasil)

Davis, Fania E.
Raça e justiça restaurativa : vidas negras, cura e transformação social nos EUA / Fania E. Davis ; tradução Fernanda Ferreira Pradal, Renata Saggioro Davis. -- São Paulo, SP : Palas Athena Editora, 2022. -- (Série da reflexão à ação)

Título original: The Little Book of Race and Restorative Justice : Black Lives, Healing, and US Social Transformation.
Bibliografia.
ISBN 978-65-86864-23-6

1. Afro-americanos - Condições sociais 2. Afro-americanos - Estatuto legal, leis etc. 3. Justiça restaurativa - Estados Unidos I. Título. II. Série.

22-130758 CDD-305.896073

Índices para catálogo sistemático:
1. Afro-americanos : Justiça restaurativa : Estados Unidos 305.896073
Eliete Marques da Silva - Bibliotecária - CRB-8/9380

1ª edição, fevereiro de 2023

Alameda Lorena, 355 – Jardim Paulista
01424-001– São Paulo, SP – Brasil
Fone (11) 3050-6188
www.palasathena.org.br
editora@palasathena.org.br

CONTEÚDO

Prefácio

Que toda potência, que toda força, que toda beleza seja recebida.

Receber o texto de Fania Davis é bálsamo, é presente, é presentificação de tanta palavra imaginada, intuída, sentida. Honra e orgulho prefaciar este livro e vivenciar este encontro de palavras e escritas com ícone que hoje representa a junção das duas temáticas que tanto orientam minhas experiências, ações e significam meu propósito no mundo.

Cada experiência relatada ao longo das páginas que se seguem nos fala, nos conta sobre a força dessa nossa história-diáspora africana nas Américas. Dores e vivências compartilhadas, algumas exacerbam a experiência específica norte-americana, mas em muitas me encontro e encontro eco para experiências não nomeadas como tal; racismo.

Minha experiência de leitura traz sabor de re-conhecido. Conheço o texto de Fania Davis, mesmo antes de tê-lo lido. Sinto.

Guerreira e Curandeira se conectam e recebem nome nessa experiência diaspórica de viver e experimentar os tantos círculos restaurativos ainda tão embranquecidos, e ecoa o ressoar das inquietações. O que mesmo desejamos restaurar? Enquanto sociedade, qual é mesmo o nosso compromisso?

Quando vamos nos especializar em proteção-promoção das vidas, estancar a vertente genocida?

Fania Davis percorre e oferece em forma de presente a sua caminhada, quem é e como se constituiu navegando entre as correntezas da justiça racial e da justiça restaurativa. Lutar sem cuidar é vil. Curar sem transformar é vazio. Alerta, desperta, sem moralizar.

Vai nos contando experiências com as quais se identifica, com a generosidade de respeitar as iniciativas e atuações que considera ainda necessitarem de equilíbrio e acena para o equilíbrio, por ela compreendido e defendido, o equilíbrio entre dois arquétipos-guias: guerreiro e curandeiro.

Nesta leitura a oportunidade de conhecer grupos e iniciativas do movimento #vidasnegrasimportam, movimentos indígenas, conectar-se com a potência intelectual de Ruthie Gilmore e Mariame Kaba, duas pesquisadoras referência que vêm pautando uma sociedade racialmente justa e denunciando os abusos carcerários, na defesa de uma proposta política abolicionista. Como é incrível ver essa roda girar! Estive com as duas, tive a oportunidade de presenciar e beber de suas falas em 2019, e hoje aqui as reencontro.

Re-conhecer a crueza das severas punições escolares que levam crianças, jovens e adolescentes negros rumo às prisões, nessa rota nomeada *school-to-prison pipeline*. A autora nos apresenta experiências restaurativas que vêm construindo essa transformação, tornando o campo da indisciplina escolar matéria e terreno para a transformação, nomeando as especificidades da experiência de crianças e adolescentes negros.

Thich Nhah Hanh, em suas orientações, acena reiteradamente que "quando cada um dentro de nós se sentir em segurança, a Terra estará salva". Reconheço na escrita, na fala e na energia emanada por Fania Davis este compromisso, essa filiação. No convite de promover Justiça Racial conectada a princípios restaurativos de justiça e vice-versa na construção e efetivação de verdadeira justiça e cura.

Convoca a Justiça Restaurativa a assumir uma posição e um compromisso como movimento social, engajada no processo de transformação de toda uma sociedade, em prol da segurança e do bem-estar comum, saindo da condição de um serviço, de um "serviço social", oferecendo apenas uma ferramenta para resolução de conflitos específicos.

Vasculha nas profundezas as conexões entre conflitos específicos e fissuras sociais remanescentes de traumas históricos, genocídio indígena e escravização de africanos nas Américas; esta identificação nos traz a oportunidade de mergulhar em uma leitura que aponta caminhos importantes e nos convoca a reconhecer e identificar o que vem sendo construído no Brasil, quantas lutas similares têm sido travadas e, aqui como lá, quais margens podemos percorrer até reconhecer e conseguir navegar em companhia do guerreiro e do curandeiro.

Celebro a oportunidade de ser parte desta construção e compromisso em que me reconheço vivenciando quando piso no quintal de Mulheres de Pedra, Rio de Janeiro, e no Bloco do Beco, em São Paulo.

LIVIA DE SOUZA VIDAL

1

A JORNADA EM DIREÇÃO À JUSTIÇA RACIAL E À JUSTIÇA RESTAURATIVA

AKOBEN

Akoben é um instrumento de sopro tradicional usado para convocar guerreiros ao campo de batalha. Que estejamos alertas, dedicados e preparados para servir a uma boa causa.

O campo da justiça restaurativa surgiu nos Estados Unidos em meados dos anos 1970 a partir do descontentamento com a disfuncionalidade do sistema de justiça, num esforço de transformar a maneira como pensamos e fazemos justiça. Era então uma nova, apesar de antiga, forma de justiça que despontava no palco da história humana. Durante seus primeiros quarenta anos, entretanto, a comunidade da justiça restaurativa (JR) não abordou a questão racial, o que é bastante surpreendente, dado que são as pessoas racializadas* que, esmagadoramente, sofrem as consequências das terríveis desigualdades do sistema de justiça criminal estadunidense, no passado como no presente. Mas, do mesmo modo que historicamente a comunidade da justiça restaurativa não conseguiu adotar uma postura de justiça racial ou social, poucos ativistas da justiça racial abraçaram a justiça restaurativa. Buscando uma confluência entre ambas, este livro convida os defensores da justiça racial a evocarem mais energias de cura para sua vida, e os defensores da justiça restaurativa a trazerem mais energias de guerreiro para a deles.

Minha intenção ao trazer os arquétipos do curandeiro e do guerreiro precisa de esclarecimento. Não uso "guerreiro" em seu sentido oposicionista ou militarista, mas em seu sentido espiritual, ou seja, a integração entre o poder e a compaixão, tal como corporificado no bodisatva, ou guerreiro-sábio. Os aguerridos guerreiros africanos maasais, cuja preocupação principal é com o bem-estar das crianças, também vêm à lembrança. Em um exemplo mais próximo de casa, penso nos jovens ativistas indígenas de Standing Rock, que lideraram a resistência histórica contra a instalação do oleoduto Dakota Access em 2016 e que se engajaram em uma cerimônia como

* No original, *people of color*. Na tradução, "pessoas racializadas" refere-se a todas as pessoas que, no sistema de dominação supremacista branco, têm uma identidade racial atribuída pela branquitude que, no entanto, nega a sua própria racialização enquanto branca. A expressão *people of color* faz referência majoritariamente a pessoas negras, latinas e de povos originários no contexto dos EUA. Sem ignorar as possibilidades de tradução para "pessoas de cor" ou "pessoas não brancas" e tampouco a limitação da tradução para o português, foram tomadas como referência a "Carta-compromisso Luana Barbosa por uma justiça restaurativa antirracista: habitar e coexistir em uma sociedade plural" e a obra *Racismo estrutural*, de Silvio de Almeida. São Paulo: Pólen, 2019. [N.Ts.]

forma de ação social, proclamando-se protetores da água e da Terra, e não simples manifestantes.

Igualmente, não uso o termo "curandeiro" para me referir àquele que trabalha com a cura do corpo humano. Em vez disso, uso o termo de modo mais amplo para significar alguém que aspira curar o corpo *social* ou transformar males sociais. Os Estados Unidos nasceram em meio aos terríveis traumas do genocídio e da escravidão. Por não reconhecermos nem considerarmos integralmente estes traumas gêmeos, muito menos trabalharmos para curá-los, eles se reencenam repetidamente através das gerações. Nós, que dedicamos nossas vidas a mudanças sociais, só temos chance de sucesso se também nos dedicarmos à cura individual e coletiva.

A justiça restaurativa e o *ethos* indígena sobre o qual está fundada (que será discutido no capítulo 2 de modo amplo) estão profundamente relacionados em sua orientação. Ambos valorizam a entrada num "bom relacionamento" e sua preservação no "bom relacionamento"* bem como o compartilhamento de histórias pessoais. O protocolo dos povos originários nos convida a nos apresentarmos através dos ancestrais, das linhagens e da terra. Portanto, inicio esse livro me apresentando e relatando como vim abraçar tanto a justiça racial quanto a justiça restaurativa, seguindo o caminho da guerreira e da curandeira.

Nascida durante a era da segregação em Birmingham, Alabama – terra que antes do genocídio pertencia aos povos creek, cherokee, chicksaw, choctaw e alabama – sou uma

* No original, *right relationship*. Bom relacionamento reflete uma concepção espiritual de tradições indígenas e não indígenas que valoriza o senso de unidade, reconhecendo que todos os seres estão interconectados entre si. São relações em que, sem descuidar de nós mesmos, estamos atentos e atendemos às necessidades e emoções dos outros. [N.Ts.]

descendente de cativos da África Ocidental, removidos à força de sua terra e utilizados no comércio transatlântico de escravos para a América do Norte. Minha mãe e de meus três irmãos, Sally B. Davis, e meu pai, B. Frank Davis, migraram da região agrícola do Alabama para o polo industrial de Birmingham durante os anos 1930.

Nossa mãe, mulher de coragem e visão, fugiu de casa e seguiu para Birmingham quando tinha apenas 14 anos a fim de realizar seu sonho de se matricular na única escola secundária negra do estado. Naquela tenra idade, ela desafiou seus pais adotivos, que insistiam para que, após a conclusão do ensino fundamental, ela se dedicasse ao trabalho doméstico na casa de pessoas brancas, tal como era o costume na época. Nossa mãe seguiu em frente, completou o ensino médio e se tornou uma das primeiras pessoas negras do Alabama a obter um diploma de graduação em educação infantil. Nosso pai, o primeiro em sua família a se formar na faculdade, também foi o primeiro negro a possuir um negócio automotivo e um estacionamento no centro de Birmingham, localizado onde hoje temos o bairro dos Direitos Civis.

Fundada em 1871, Birmingham era um centro de mineração, ferrovias e produção de ferro e aço do sul do país, que fora projetada para explorar a mão de obra barata e não sindicalizada de africanos recém-libertos, o que lhe deu uma vantagem competitiva em relação às cidades do Norte. Na década de 1960, quando meus irmãos e eu estávamos crescendo, era a cidade mais racialmente segregada do país, apelidada de "Bombingham", em razão dos frequentes atentados a bomba que pretendiam aterrorizar as igrejas e as pessoas engajadas no movimento pelos direitos civis.

Vivíamos no Dynamite Hill, um bairro regularmente acossado por explosões, por ser o lar de famílias negras que ousaram se mudar para uma vizinhança integralmente branca e que, no período anterior à Guerra Civil, era uma *plantation,* ou latifúndio escravista*. Tivemos sorte, pois nossa casa nunca foi alvejada, mas as explosões aterrorizantes que atingiam a casa dos nossos vizinhos nos faziam acordar nas primeiras horas da manhã. Os pais da vizinhança se organizaram e constituíram uma patrulha armada em legítima defesa, e às vezes nosso pai, que acordava com barulhos de passos, pegava sua arma, corria para fora de casa e observava a rua, com medo de que terroristas pudessem estar por perto.

Havia segregação em todos os lugares – escolas, igrejas, parques, bibliotecas, cinemas e bairros. Essa segregação se estendia aos relacionamentos. Certa vez, a polícia prendeu meu pai e um visitante branco de fora da cidade simplesmente porque estavam andando de carro juntos. Minha irmã mais velha participou de um grupo de discussão inter-racial na First Congregation Church, nossa igreja, e por esse motivo virou alvo de bombardeios. O terror racial fazia parte da nossa vida cotidiana. Mais tarde, compreendi que essas situações eram virtualmente indistinguíveis do apartheid da África do Sul.

Na minha infância, estive cercada de pessoas negras que lutavam por mudanças. Arthur D. Shores, um lendário advogado dos direitos civis, morava do outro lado da rua da nossa igreja. Minha irmã e eu éramos amigas de suas filhas. Shores atuou em casos históricos perante a Suprema Corte dos Estados Unidos: casos que reivindicavam direitos relacionados

---

* *Plantation* foi um sistema de exploração colonial que vigorou entre os séculos XV e XIX, que se firmava sobre os pilares do latifúndio, da monocultura agroexportadora e da exploração de mão de obra escravizada. Trata-se de um modelo amplamente reproduzido na região das Américas pela colonização inglesa e pela colonização europeia, incluindo a portuguesa. [N.Ts.]

ao voto; pelo fim da segregação de moradias, em escolas públicas e na universidade estadual; pelo fim do terrorismo policial e da discriminação racial nos sindicatos; pela garantia de salários iguais para os professores negros de Birmingham. Ele também defendeu Martin Luther King Jr. e milhares de outras pessoas durante os protestos de Birmingham pelos direitos civis na década de 1960. Seu trabalho fez dele um alvo, e sua casa foi bombardeada três vezes; ele começou a se sentar na varanda toda noite, armado com sua espingarda. Quando jovem, eu era fascinada pelo Dr. Shores e tinha muita afinidade com ele. Embora de estatura baixa, aos meus olhos era um gigante e um guerreiro da justiça.

Nossa mãe também era uma ativista por justiça social de longa data. Na década de 1930, serviu como oficial no Southern Negro Youth Congress [Congresso da Juventude Negra do Sul], uma organização progressista antirracista, e ajudou a liderar o trabalho dos Unemployed Concils [Conselhos dos Desempregados]. Estes conselhos se formaram durante os anos 1930 para protestar contra o desemprego em massa e a assistência estatal inadequada, e também trabalharam para libertar os Scottsboro Boys, nove jovens negros de 13 a 20 anos de idade falsamente acusados de estuprar duas mulheres brancas. O ativismo dela continuou ao longo dos anos 1940 no movimento antifascismo, nos anos 1950 e 1960 no movimento de direitos civis e, depois, nos anos 1970 na campanha internacional para libertar sua filha (minha irmã), Angela Davis, que na época era presa política. No início dos anos 1980, minha mãe trabalhou como consultora do Ministério da Educação da ilha caribenha de Granada, socialista antes de sua invasão pelos Estados Unidos. Enquanto crescíamos, a voz da nossa mãe era um poderoso antídoto contra a mensagem social generalizada de que os negros seriam sub-humanos. Ela sempre nos instilava uma profunda confiança de que nunca deveríamos nos sentir inferiores aos brancos.

Pré-adolescente, desenvolvi respostas viscerais às injustiças e me engajei em meus próprios atos espontâneos de resistência. Por exemplo, sentando deliberadamente na seção "apenas para brancos" da parte da frente do ônibus, bebendo água dos bebedouros para brancos e entrando em banheiros para brancos. Sempre conseguia evitar de ser presa, mesmo quando a polícia era chamada. Alguns atos de resistência eram bem-humorados. Minha irmã e eu estávamos aprendendo francês e, um dia, quando caminhávamos no centro da cidade, fingimos que éramos estrangeiras francófonas. Falando com sotaque francês bem forte, entramos numa loja de luxo e fizemos várias perguntas sobre sapatos. Fascinados pelo exótico, os funcionários nos acomodaram na frente da loja e não nos fundos, como era o protocolo para clientes negros. Eles estenderam o tapete vermelho. Depois de alguns minutos experimentando sapatos e falando com um inglês forçado e gesticulando, minha irmã e eu desatamos a rir. Os funcionários da loja riram educadamente, perguntando qual era a graça. No nosso inglês característico dos negros do Sul, respondemos: "Tudo que as pessoas negras precisam fazer é fingir que vieram de outro país para vocês nos tratarem como dignitários". E com isso saímos triunfantes da loja.

Nossa mãe resolveu mandar todos os filhos para cursar o ensino médio em escolas com bons recursos no norte do país, para que não terminássemos em escolas segregadas, desiguais e com poucos recursos como as do Sul. Portanto, saí de casa em 1962 aos 15 anos de idade para, com o apoio do Southern Negro Student Project [Projeto do Estudante Negro do Sul], frequentar o ensino médio em uma escola em Nova Jersey patrocinada pelos quakers. Esse projeto estendia oportunidades culturais e educacionais para estudantes negros do Sul, onde vigorava a lei Jim Crow*, alocando-os com famílias brancas em cidades do norte do país para que pudessem frequentar escolas não segregadas durante o penúltimo e o último ano do ensino médio. Morei com uma família polonesa que escapou dos campos de concentração do fascismo e fugiu para os Estados Unidos na década de 1940. Estava muito animada em fazer parte desse mundo novíssimo e excitante. Minha família anfitriã me apresentou aos museus de Nova York e à cena de arte boêmia. Era um mundo totalmente novo – eu estava vivendo e socializando com pessoas brancas, explorando sua cultura pela primeira vez.

Não demorou muito, contudo, para descobrir que a discriminação racial também existia no Norte, embora se expressasse de modo mais sutil. Meus colegas de sala convidavam minha irmã anfitriã, que era da minha idade, para eventos sociais, mas me ignoravam. Professores faziam comentários ofensivos sobre meu cabelo, enquanto alunos faziam gozação por causa do meu sotaque sulista. Sendo a única estudante negra da minha turma, eu estava socialmente isolada. Reagi a isso devorando o livro de James Baldwin, *Da próxima vez o fogo: racismo nos EUA*** e outros textos sobre justiça racial da época. Como forma de militância, eu falava em sala de aula sobre questões atuais de justiça racial. Fui a protestos e manifestações, consumida pelo desejo de ser uma guerreira em prol da justiça.

---

* As leis de Jim Crow foram leis segregacionistas e discriminatórias que vigoraram nos estados do sul dos Estados Unidos entre 1876 e 1965 e conferiam tratamento diferenciado a pessoas negras e brancas no acesso a serviços e locais públicos, como escolas, banheiros e meios de transporte. [N.Ts.]

** No original: *The Fire Next Time*, James Baldwin. New York: Dial Press, 1st ed.,1963; Vintage, 1992. Edição em português, Rio de Janeiro: BUP - Editora Civilização Brasileira, 1967. [N.Ts.]

Depois do meu primeiro ano no norte do país, no verão de 1963 voltei para casa de férias para participar de atividades de formação em não violência e dos esforços para registro de eleitores junto ao Alabama Christian Movement for Human Rights [Movimento Cristão por Direitos Humanos do Alabama], uma importante organização de direitos civis que liderou todos os protestos sentados para marcar presença, boicotes, ações judiciais, marchas e outros protestos militantes que acabaram por colocar a segregação de joelhos. Em 28 de agosto de 1963 participei da marcha em Washington, D.C. com outras 250 mil pessoas, reivindicando emprego, moradia digna, direitos civis e o fim da brutalidade policial, exigência que continua a ressoar nos dias atuais, mais de 55 anos depois. Lembro-me de contemplar as multidões de jovens e velhos, negros e brancos, religiosos e sindicalistas, professores e estudantes. Lembro-me da música mesclada com a bela claridade daquele dia. Mas, principalmente, do forte espírito de unidade, alegria, paz e vitória pairando no ar.

Menos de duas semanas depois, quando já havia retornado para Nova Jersey a fim de concluir o último ano do ensino médio, minha mãe me ligou para me contar notícias devastadoras: dois amigos próximos haviam morrido no bombardeio à Birmingham Sunday School [Escola Dominical de Birmingham], na Igreja Batista da 16th Street – um ataque promovido por supremacistas brancos para deter o movimento de direitos civis que ganhava força.

Por vários dias senti raiva. Depois, fiquei como que anestesiada. Por fim, a morte dos meus amigos e outras experiências formadoras alimentaram o fogo interno de um compromisso duradouro com a mudança social estrutural e um profundo anseio pela liberdade do meu povo contra a desigualdade racial e o terror do sistema que devasta nosso espírito. Desde então, minha vida tem sido uma busca por transformação social. Nas décadas seguintes, segui o caminho do guerreiro como ativista nos movimentos estudantis negros, de nacionalistas negros, de mulheres, de presos, anti-imperialista, antiapartheid, antiguerra, antiviolência racial e socialista.

Comecei a graduação no Swarthmore College, na Pensilvânia, durante o auge do movimento Black Power. Este movimento, conduzido por jovens, criticava a posição assimilacionista do movimento pelos direitos civis, enfatizava a militância e a criação de instituições políticas e culturais paralelas para promover os valores negros e os interesses econômicos coletivos. Assumidamente afirmávamos a negritude. Deixei crescer meu cabelo natural afro, adotei um nome africano e, por algum tempo, compartilhei um sentimento antibranco. Eu era atuante na Swarthmore African American Students' Association (SASS) [Associação de Estudantes Afro-Americanos de Swarthmore]. Juntamente com os protestos dos estudantes negros que varriam o país em 1968, os estudantes da SASS ocuparam o escritório de admissões da Swarthmore por oito dias, demandando melhor representação afro-americana entre estudantes, funcionários, professores e no currículo em si. A ocupação se tornou complicada pois o presidente da faculdade sofreu uma parada cardíaca fatal. Contudo, no final, o protesto transformou a cara da faculdade que, já no ano seguinte, possuía mais estudantes, professores e administradores negros. A faculdade também criou um centro cultural negro.

No calor da luta, me casei com um líder estudantil e ativista de uma associação de estudantes negros próxima à nossa, e que trabalhava conjuntamente com nosso grupo. Depois de concluir a primeira parte da graduação, nos mudamos para a Califórnia em 1969 a fim de começar os estudos na

Universidade da Califórnia, em San Diego [University of California, San Diego – UCSD], onde minha irmã já estava matriculada. Encontramos um campus imerso em turbulência política. Uma multidão de estudantes em greve se reunia na praça do campus, demandando que a escola nova do campus da Universidade da Califórnia fosse nomeada em homenagem aos revolucionários argentino e congolês Che Guevara e Patrice Lumumba, e que o currículo fornecesse aos alunos negros e pardos o conhecimento necessário para alcançar a libertação de seu povo. Os estudantes da Universidade da Califórnia também estavam engajados nos protestos contra a guerra do Vietnã, fazendo parte de um movimento maior de estudantes que atuava por todo o país. Passamos a nos envolver nesses esforços e começamos um trabalho comunitário de base com o Partido dos Panteras Negras local. Também passei a atuar junto ao Soledad Brothers Defense Committee (SBDC) [Comitê de Defesa dos Irmãos Soledad][1] e no movimento de libertação das mulheres.

No entanto, apenas seis meses depois de nossa chegada, policiais armados invadiram nosso apartamento. Quando meu marido foi pegar sua arma em legítima defesa, um policial desferiu um tiro e quase o matou. Posteriormente, nós dois fomos acusados de tentativa de homicídio dos mesmos policiais que nos atacaram. Um comitê de defesa entrou em ação, arrecadando fundos para custear as despesas legais. Depois de uma longa batalha judicial, as acusações foram finalmente rejeitadas pelo tribunal por violação à Constituição, por entender que nós havíamos sido alvo em razão de ativismo político.

Durante este tempo, minha irmã Angela também estava nas manchetes das notícias, quando Ronald Reagan, à época governador da Califórnia, a demitiu do seu cargo de professora na Universidade da Califórnia por causa de sua filiação ao Partido Comunista. Por ter sido uma violação dos seus direitos garantidos na Primeira Emenda da Constituição dos Estados Unidos, a ação foi anulada e o tribunal ordenou sua reintegração ao trabalho. A história foi amplamente divulgada e, do dia para a noite, Angela se tornou uma figura pública controversa. Tendo que lidar com inúmeras ameaças de morte, ela precisou se cercar de guardas armados o tempo todo, fosse na faculdade, nos protestos ou em casa. Mas seu esquema de segurança não poderia protegê-la do que estava por acontecer.

Em 7 de agosto de 1970, Jonathan Jackson, um dos seguranças de Angela, de 17 anos de idade, entrou empunhando armas no tribunal do Condado de Marin, na Califórnia, assumiu o controle do tribunal e libertou três presos. Durante o processo, ele levou como refém um juiz, um promotor e três jurados. Uma van os esperava na saída, mas antes que Jonathan pudesse fugir, a mando do chefe de polícia, policiais dispararam diversos tiros contra o carro, assassinando o juiz, dois prisioneiros e Jonathan, além de ferirem outras pessoas. Jonathan portava armas registradas no nome de Angela e, muito embora ela não estivesse em nenhum lugar próximo dos fatos e nenhuma outra evidência a ligasse ao incidente, ela foi acusada de assassinato, sequestro e conspiração. Temendo por sua vida, tendo testemunhado tantos assassinatos de camaradas do Panteras Negras, Angela se escondeu.

O FBI – Federal Bureau of Investigation [Departamento Federal de Investigação] – a colocou na lista dos dez foragidos mais procurados e lançou uma busca sem precedentes, envolvendo varreduras e detenções por todo o país de milhares de mulheres negras de pele mais clara com os cabelos naturais semelhantes aos de Angela. Autoridades me colocaram sob vigilância pessoal e, onde quer que eu fosse, a sombra de homens de terno e gravata em carros escuros sem identificação me espreitava. Mais ou menos uma semana após o incidente, uma infantaria de oficiais da SWAT – Special Weapons and Tactics, [Armas e Táticas Especiais] invadiu a sede do Soledad Brothers Defense Committee em São Francisco, que eu estava visitando. Com armas de fogo em punho, eles me cercaram prontos para me abater, quando perceberam que eu não era Angela. Fiquei muito abalada, mas fiz de tudo para esconder meus temores enquanto eles me interrogavam. Estava grata por ser eu na mira daquelas armas e não minha irmã.

A batida policial aconteceu quando meu marido e eu estávamos a caminho do Canadá para embarcar num navio rumo a Cuba por dois meses, com centenas de outros membros da terceira Brigada Venceremos para plantar árvores frutíferas em solidariedade à Revolução Cubana. Em Cuba, encontramos revolucionários de todo o mundo, mas, apesar das fortes esperanças, minha irmã não estava lá. Dias antes de retornar para casa, no entanto, recebemos notícias de que o FBI havia capturado Angela e a levado presa, desarmada. Na época eu tinha 20 e poucos anos e só queria uma coisa: salvar a vida de minha irmã. Minha primeira ação após retornar de Cuba foi ir à Nova York para visitá-la na prisão. Havia também um mandado de prisão contra meu marido, que, por motivações políticas, foi acusado de posse de explosivos. Ele se entregou às autoridades assim que desceu do navio. Meu marido seria libertado depois de dezoito meses, mas a vida de Angela estava em risco – o governador Reagan, o presidente Nixon e o diretor do FBI, J. Edgar Hoover, tinham a intenção de silenciá-la por meio de um linchamento legal. Permanecendo ao lado dela em Nova York, comecei a fazer falas públicas e dar entrevistas para a mídia.

Dentro de poucos meses, Angela foi extraditada para o norte da Califórnia. Eu a segui. Lá, trabalhei de perto com organizadores comunitários afro-americanos do Partido Comunista, experientes e habilidosos, para construir o National United Committee to Free Angela Davis [Comitê Nacional Unificado pela Libertação de Angela Davis]. O Partido acionou sua extensa rede internacional de organizadores comunitários e sindicalistas especializados em articular várias manifestações e comitês de defesa. Viajei pelo país para falar em assembleias e participar de manifestações reivindicando a liberdade de Angela. Comitês de defesa para Angela Davis se espalharam por toda a nação. Na casa das pessoas, sua foto adornava as paredes das salas de estar ao lado das imagens de Martin Luther King e do presidente Kennedy. Artistas famosos escreveram músicas e poemas e produziram peças de teatro e filmes para Angela. Crianças europeias em idade escolar da Alemanha comunista participaram de uma campanha massiva escrevendo cartas; todos os dias, sacos cheios de milhares de cartas eram entregues na cela de Angela. Isso era o poder do povo escrito em letras garrafais. Eu já me considerava socialista, mas fiquei tão impressionada com a paixão, teoria e prática e as habilidades de organização dos comunistas negros que lideraram a campanha para libertar minha irmã que me filiei ao Partido Comunista.

Logo depois de ter dado à luz minha filha, Angela Eisa, em 1971, embarquei para um tour de palestras em doze cidades na Europa Ocidental e Oriental, na União Soviética e no Chile, construindo o movimento de massa internacional para salvar a vida de Angela. Em 4 de junho de 1972, após dezoito meses de prisão, quatro meses de um duro julgamento e treze horas de deliberação, um júri composto apenas por pessoas brancas inocentou minha irmã das acusações de homicídio, sequestro e conspiração criminosa, absolvendo-a integralmente. Enquanto o escrivão lia o veredito, gritos e berros angustiados atravessavam a sala de audiência, e o juiz teve de se esforçar para recuperar a ordem. O impacto do poderoso e enorme movimento internacional exigindo a liberdade de Angela não terminou naquele dia.

Depois de mais três anos de organização política em torno de presos políticos e justiça econômica na região da Baía de São Francisco, entrei na Faculdade de Direito, convencida de que um diploma em Direito me tornaria uma agente de transformação social mais eficaz. Durante a faculdade, ajudei a conduzir uma campanha em defesa das ações afirmativas, e outra para questionar uma decisão que havia negado estabilidade a um professor negro radical. Assim que comecei a advogar, também me tornei atuante em movimentos de solidariedade antiapartheid e nos esforços para conter a ascensão da Ku Klux Klan e de outros grupos terroristas raciais na minha cidade. Por mais de 25 anos atuei como advogada especializada em litígios de discriminação no emprego, com a subespecialidade em discriminação no emprego acadêmico, sobretudo questionando a prática discriminatória de não concessão de estabilidade por faculdades e universidades.

Após aproximadamente três décadas cultivando qualidades pessoais de hiperagressividade, hiper-racionalidade e hipermasculinidade necessárias para ser uma ativista eficaz e uma advogada de direitos civis, perdi o equilíbrio. Fui diagnosticada com uma doença pré-cancerosa. Uma transformação me chamava. Sonhos, intuições e meu corpo estavam me convidando a trazer mais energia criativa, de cura e espiritual para a minha vida. Respondi ao chamado e fechei meu escritório de advocacia para fazer um doutorado em Estudos Indígenas, um programa que me levou à África para recuperar minhas origens nativas, morar e aprender com curandeiros tradicionais africanos.

Logo depois que voltei da África e concluí meu doutorado, aprendi sobre justiça restaurativa – uma justiça que não quer punir, mas curar. Uma justiça que, de acordo com Kay Pranis, não busca "acertar as contas"*, mas deixar todos bem.[2] Uma justiça que busca transformar vidas, relacionamentos e comunidades alquebradas, ao invés de destruí-los ainda mais. Uma justiça que busca reconciliar ao invés de aprofundar o conflito. Uma justiça de cura ao invés de uma justiça que fere. Aprender sobre esta nova (apesar de antiga) justiça, marcou um clímax no meu próprio movimento de longa data em direção à plenitude. Isso provocou uma epifania que integrou minha guerreira interna com minha curandeira interna, unindo os opostos dentro de mim: fogo/água, solar/lunar, masculino/feminino. A justiça restaurativa me permitiu integrar essas partes, até então díspares. Não precisei escolher uma e renunciar à outra. Finalmente, eu podia estar inteira.

O propósito primordial deste livro é convidar profissionais da justiça restaurativa a cultivar uma consciência de justiça racial mais acurada, ao mesmo tempo convidando ativistas de justiça racial a abraçar uma maior consciência de cura. Através da junção do "guerreiro" e do "curandeiro" desenvolvemos a capacidade de cumprir a promessa de ambos os movimentos: justiça racial e justiça restaurativa, ou seja: interromper a rota escola-prisão**, interromper o "novo efeito Jim Crow" do encarceramento em massa, transformar o mal

* No original: *reckoning*. Na tradução, "acertar as contas" refere-se à forma como o termo tem sido traduzido no campo da justiça de transição. Assim, não se trata de vingança ou retaliação, mas de termo que alude tanto à justiça estatal retributiva quanto a outros mecanismos, como comissões de verdade, políticas de reparação, políticas de memória e reformas institucionais. [N.Ts.]

** No original, *school-to-prison pipeline*. Termo largamente utilizado para se referir ao fenômeno de entrada da juventude racializada no sistema de justiça juvenil, e consequente evasão escolar. O tema é abordado no capítulo 4. [N.Ts.]

histórico que impulsiona a atual violência policial sancionada pelo Estado contra pessoas racializadas e, em última análise, na minha opinião, dar o próximo passo na jornada evolutiva, que é re-imaginar o que significa ser humano.

O capítulo 2 analisa os fundamentos da justiça restaurativa, expõe suas raízes indígenas e ilustra abordagens de justiça afrocentradas. Através da lente da teoria crítica de raça, o capítulo 3 examina a natureza da raça e do racismo nos Estados Unidos, a limitada consciência de justiça racial durante os primeiros quarenta anos do movimento de justiça restaurativa, e as transformações dinâmicas atualmente em curso. O capítulo 4 aborda a rota escola-prisão e práticas restaurativas para desigualdades raciais nas escolas, com exemplos de escolas em Oakland, na Califórnia e em Denver, no Colorado. O capítulo 5 trata das origens escravocratas do sistema punitivo dos Estados Unidos, sua sobrevida depois do fim da escravidão na forma de encarceramento em massa racializado, e como os ativistas do movimento prisional e os profissionais da justiça restaurativa estão reagindo a isso. O capítulo 6 imagina uma justiça restaurativa local baseada no processo de verdade e reconciliação para transformar a violência policial contra afro-americanos. O capítulo 7 analisa os esforços sem precedentes para o estabelecimento da verdade*

* No original, *truth-telling*. Este termo possui duas dimensões. Por um lado, se refere ao estabelecimento da verdade sobre graves ou massivas violações de direitos humanos, por meio do relato, de vítimas e perpetradores, sobre os fatos e contextos da violência produzida. A afirmação da verdade é realizada como resposta ao negacionismo sobre tais violações, tradicionalmente nos contextos pós-conflito, pós-ditatoriais e de transições políticas. O termo também se refere a um dos pilares do processo restaurativo na resolução de conflitos interpessoais, em que todos os envolvidos são incentivados a relatar a verdade sobre os fatos e a assumir responsabilidades. Optamos por traduzir o termo como "estabelecimento da verdade" ou "relato da verdade", a depender do contexto. [N.Ts.]

que atualmente fervilham em todo o país, descreve a evolução da minha concepção de justiça ao longo da minha jornada de vida e conclui com um incentivo aos ativistas e profissionais da justiça restaurativa para viver e trabalhar na confluência da cura e do ativismo.

O início de cada capítulo é adornado com uma imagem Adinkra, símbolos gráficos que codificam provérbios e aforismos do povo Akan, um grande grupo étnico da atual Gana e da Costa do Marfim, na África Ocidental.

O foco no racismo antinegro neste livro não significa negar ou minimizar a existência do racismo antilatino, antiameríndio, antiásio-americano, antissemita e outros racismos. De fato, outras histórias racializadas contribuíram para o desenvolvimento da justiça criminal e da justiça restaurativa nos Estados Unidos. Este livro, contudo, se destina a explorar a experiência negra, não em um exercício nacionalista restrito, mas de forma a revelar sinais sobre como podemos forjar coletivamente um futuro transformado e justo para todos.

2

UBUNTU: O ETHOS INDÍGENA DA JUSTIÇA RESTAURATIVA

SANKOFA

O pássaro olha para trás a fim de trazer a semente de um novo futuro. Vamos voltar ao passado para buscar o que é útil para o futuro.

Umuntu Ngumuntu Ngabantu

Este provérbio nguni, traduzido como "Eu sou porque nós somos e nós somos porque eu sou", expressa a crença africana central de que o indivíduo só existe em relação com o coletivo. Essa visão comunitária é conhecida como *ubuntu* nas tradições do sul da África zulu, xhosa, tswana, venda, e de outras tradições africanas. Também traduzido para significar que "uma pessoa é uma pessoa através de seus relacionamentos", *ubuntu* enfatiza a interidentidade humana e a inter-relacionalidade entre todas as dimensões da existência: outras pessoas, lugares, terras, animais, águas, ar, e assim por diante. *Ubuntu* afirma não apenas nossa inter-relação inerente, mas também a consequente responsabilidade mútua, que flui exatamente de nossa profunda conexão. Como diz o povo lakota sioux, *"Mitákuye Oyás'iŋ"*: somos todos parentes; estamos aqui na Terra para aprender a cuidar um do outro. Como parentes vivendo dentro do *continuum* da criação, é nossa responsabilidade viver em bom relacionamento e estar presentes uns para os outros e para a Terra de modo a promover cura e prosperidade a todos.

Nem tirania da comunidade, nem individualismo extremo, *ubuntu* invoca uma unidade dialética de opostos. Na cosmovisão africana[1] a independência é inseparável da interdependência, e a individualidade se expande da solidão para a solidariedade. Moralidade, equidade e justiça não são interpretadas de modo limitado, fundadas na primazia dos direitos individuais, mas sim baseadas no sentido profundo de conexão e responsabilidade de um para com o outro.[2] "*Ubuntu* une o eu e o mundo numa (...) teia de relações recíprocas."[3] É o relacionamento atencioso de um para com os outros que reforça a humanidade e a autoestima de todos.[4]

Popularizado pelo Arcebispo Desmond Tutu e por Nelson Rolihlahla Mandela, *ubuntu* passou a fazer parte do léxico internacional durante a transição do apartheid para a democracia ocidental na África do Sul em meados dos anos 1990. O conceito serviu como alicerce filosófico do processo internacionalmente conhecido de verdade e reconciliação da África do Sul, baseado na justiça restaurativa.

O pioneiro da justiça restaurativa, Howard Zehr, associa justiça restaurativa ao conceito judaico-cristão *shalom*, que:

"enfatiza 'o bom (ou reto) relacionamento' entre indivíduos, entre grupos de pessoas, entre pessoas e a terra, e entre pessoas e o divino [e] declara uma aliança para respeitar a vida em todas as suas formas... [Isso] nos encoraja a ver o cultivo desta sagrada teia relacional como nosso propósito último".[5]

Consoante aos valores comunitários africanos e de outros povos originários, a justiça restaurativa (JR) é profundamente relacional e enfatiza a reunião de todas as pessoas afetadas por uma transgressão para atender necessidades e responsabilidades, bem como curar o dano aos relacionamentos e à comunidade, na medida do possível. Embora a justiça restaurativa seja frequente e erroneamente considerada apenas como uma resposta reativa ao dano, ela também é uma estratégia relacional proativa para criar uma cultura de conectividade na qual todos os membros de uma comunidade prosperam e se sentem valorizados.

SABEDORIA E JUSTIÇA DOS POVOS ORIGINÁRIOS

No fim da década de 1970, quando do surgimento da justiça restaurativa nos Estados Unidos, não houve o reconhecimento explícito da sua origem na tradição indígena – seja africana ou qualquer outra; entretanto, isso começou a mudar na virada do século.[6] O emérito Chief Justice da Suprema Corte da Nação Navajo, Robert Yazzie, fala e escreve sobre justiça restaurativa desde os anos 1980. Desde a década de 1990, o Dr. Morris Jenkins pesquisa e publica sobre as práticas de justiça afrocentrada dos gullah, um povo afrodescendente que vive nas Carolinas, na Geórgia, e nas Ilhas do Mar, e que preservou, até hoje, modos de vida africanos. Harold Gatensby, Phil Gatensby e o Chefe Mark Wedge das Primeiras Nações Tlingit reviveram círculos de pacificação tradicionais e colaboraram de modo exitoso com o juiz Barry Stuart em sua implementação nos processos de condenação criminal no território de Yukon, no Canadá. Por causa desta experiência, eles foram fundamentais para a disseminação do processo circular de construção de paz por todo os Estados Unidos e Canadá enquanto instrutores iniciais. O livro *Processos Circulares*, de Kay Pranis, afirma e explora os ensinamentos e os valores indígenas que constituem as bases do processo circular e da justiça restaurativa de modo mais amplo. Pranis reconhece que foram os povos tlingit e tagish do Canadá que lhe ensinaram – e autorizaram-na a ensinar – o processo circular de construção de paz.[7] As raízes indígenas da justiça restaurativa não se referem apenas às origens da técnica circular, diz Pranis, mas talvez "e mais importante, as raízes estão na visão de mundo dos povos indígenas: a compreensão da interconexão e da dignidade de todas as partes da criação... [Este é] um conceito em evolução... [que] tem ganhado importância ao longo dos anos".[8]

Note-se que enfatizar o *ethos* indígena da justiça restaurativa não significa corroborar a apropriação cultural. Se, por exemplo, os facilitadores da justiça restaurativa buscam incorporar elementos indígenas de outras culturas nas suas práticas circulares, o respeito demanda, no mínimo, que se compreenda e se explique plenamente aos participantes do círculo o significado da prática cultural e também que se identifique o indivíduo que a compartilhou e os autorizou a usá-la. Dito isso, todo ser humano possui raízes indígenas, incluindo pessoas brancas, e todos os profissionais da justiça restaurativa podem considerar a possibilidade de explorar cerimônias e práticas de cura e de construção de paz de suas próprias tradições ancestrais incorporando-as à sua prática de justiça restaurativa.

O RESSURGIMENTO DOS CONHECIMENTOS INDÍGENAS

Etimologicamente, a palavra "indígena" decorre do latim *"indo"* e do grego *"endina"*, e se refere àquilo que emerge das próprias entranhas de um lugar. *Gen* significa nascimento e *geni*, espírito. Indígena então se refere a seres, cosmovisões, valores, modos de vida e formas de conhecimento produzidos por e pertencentes a uma terra que existia antes da conquista e da colonização. Povos indígenas e cosmovisões não são de modo algum homogêneos. No entanto, suas axiologias, cosmologias, epistemologias e ontologias[9] possuem incríveis semelhanças em diversas localidades geográficas e expressões culturais por todo o mundo.

A justiça restaurativa contemporânea emerge junto ao pano de fundo histórico no qual vem crescendo a consciência internacional de que os conhecimentos indígenas, baseados no *ethos* ecológico da inter-relação e da colaboração, têm muito a oferecer ao mundo fragmentado de hoje. O corolário é o crescente reconhecimento de que, por mais de quinhentos anos, os sistemas de conhecimento do Ocidente, baseados no *ethos* da separação, da competição e da subordinação, contribuíram para crises generalizadas que hoje ameaçam nosso futuro. O nível de devastação é sem precedentes – seja dos nossos corpos, das nossas famílias e comunidades, ou das plantas, das águas e da terra. A incompreensível magnitude da destruição fomentou nossa busca por cosmovisões alternativas que trouxessem cura para nosso mundo. É nesse contexto histórico que testemunhamos o rápido crescimento e a difusão em âmbito global da justiça restaurativa.

O atual ressurgimento da sabedoria indígena cumpre a profecia. Durante os anos 1500, anciãos dos povos nativos da América do Norte se reuniram no México enquanto enfrentavam o início do massacre da colonização europeia. Através de suas práticas científicas ancestrais, Cuauhtémoc, o grande governante asteca, identificou que a humanidade estava entrando no "Sol Sombrio", que perduraria por quase quinhentos anos, até entrarmos no "Sol Luminoso" da consciência humana. Os anciãos profetizaram que o condor, que simboliza o sul e as energias feminina e lunar, voaria junto com a águia, que representa o norte e as energias masculina e solar. Eles previram que na era do Sol Luminoso os dois se reuniriam e o conhecimento antigo sobre a Terra reemergiria de todas as quatro direções.[10]

De fato, há quase quinhentos anos, diversos eventos globais pressagiaram o Sol Sombrio da consciência humana. Por exemplo, o surgimento da Doutrina Papal do Descobrimento, que aprovava a conquista e a subjugação dos povos indígenas de todo o mundo, o surgimento do comércio internacional de escravos, o genocídio dos povos ameríndios, o individualismo, o materialismo, a emergência do capitalismo racial (que será explorado no capítulo 5 e a própria noção de raça. No entanto, atualmente, de acordo com aquela profecia, estamos saindo do Sol Sombrio. O rápido surgimento e crescimento da justiça restaurativa expressa um fenômeno maior de ressurgimento da sabedoria indígena.

JUSTIÇA RESTAURATIVA E JUSTIÇA INDÍGENA AFRICANA

Na visão afrocentrada, os seres humanos são bons por natureza. O humanismo africano afirma a bondade inata e a igual dignidade e valor moral de todos. Em contrapartida, algumas perspectivas judaico-cristãs, mesmo considerando o conceito de *shalom*, sustentam que os humanos são pecadores por natureza, embora possam ser redimidos através da religião.

Em virtude de os colonizadores europeus não terem visto prisões, polícia, advogados, juízes ou tribunais nas sociedades indígenas africanas, concluíram erroneamente que tais culturas não possuíam mecanismos para lidar com os conflitos sociais e as transgressões. Ausentes tais instituições para restringir a natureza humana, deduziram que essas culturas eram inerentemente instáveis, brutais e caóticas, no sentido hobbesiano.[11] No entanto, invisível aos olhos daqueles que buscavam um sistema de justiça baseado no Estado de Direito e na punição, havia uma visão de mundo que, ao contrário da sua, estava profundamente arraigada na natureza inter-relacional de todas as formas de vida. Também não enxergaram as inúmeras instituições sociais, laços culturais e práticas que davam vida, cotidianamente, a esse forte senso de unidade e comunidade, por exemplo, cerimônias, rituais de iniciação em grupos etários e sociedades secretas, como também intercasamentos e relações jocosas que uniam diferentes grupos étnicos, linhagens, clãs e aldeias, fazendo com que, dessa forma, o derramamento de sangue entre eles se tornasse um tabu. Esses são fortes laços comunitários, infelizmente ausentes na cultura contemporânea, e constituem a maior garantia e proteção da comunidade contra o crime.

Apesar de serem intrinsecamente bons na visão afrocentrada, os humanos cometem erros. Mesmo assim, têm a capacidade de aprender e mudar. A justiça africana, ao invés de ser uma ocasião para infligir punição, é uma oportunidade para ensinar, aprender, reiterar valores sociais e reafirmar os laços de inter-relacionalidade inerente. Também é uma oportunidade para identificar e corrigir condições sociais problemáticas que podem ter dado origem a danos interpessoais.[12]

Na justiça indígena africana, são priorizadas as reivindicações da pessoa prejudicada. A pessoa responsável pelo dano, e muitas vezes sua família, têm a obrigação de pedir desculpas, oferecer uma restituição e reparar a pessoa prejudicada e a comunidade. Um erro pode ser corrigido pelas ações da pessoa responsável e pelas de outros membros da comunidade. A comunidade é central. O conceito africano de família abrange a família nuclear e a família estendida, bem como as pessoas que não partilham do mesmo sangue nem possuem relações oriundas do casamento. Além disso, a família africana se estende para além dos vivos, incluindo o reino dos ancestrais.

De fato, na cosmovisão africana, quando algo acontece com alguém (seja uma benção ou um fardo), acontece com todos. Um bebê recém-nascido representa boa sorte para a família e também para toda a aldeia. O casamento une dois clãs e não apenas dois indivíduos. O profundo *ethos* comunitário entre africanos e em outras tradições indígenas vale também para o caso das transgressões. Se um indivíduo rouba ou mata alguém, a relação entre suas respectivas linhagens ou aldeias fica danificada. Consertar um dano causado não é responsabilidade apenas dos indivíduos diretamente envolvidos; também é responsabilidade das comunidades. O foco está na reparação e na reconstrução das relações para que a harmonia social seja alcançada. A justiça indígena africana, busca fortalecer as relações através da construção de soluções que beneficiam a todos.

Em harmonia com a cosmovisão e os princípios do sistema de justiça africano e de outros sistemas indígenas, a justiça restaurativa oferece uma mudança de paradigma em relação ao modo como costumamos pensar e fazer justiça – de uma justiça que fere para uma justiça que cura. O nosso sistema adversarial dominante é baseado na compreensão romana de justiça segundo a qual as pessoas recebem o castigo que merecem. O sofrimento infligido a alguém gera um desequilíbrio na balança da justiça, e o nosso modo de reequilibrar a balança e fazer justiça é causar sofrimento à pessoa responsável, ou seja, respondemos ao mal inicial com um segundo mal. O nosso sistema fere pessoas que ferem pessoas, supostamente para demonstrar que fazer mal às pessoas é errado. Isso coloca em movimento ciclos intermináveis de dano. A justiça restaurativa busca interromper esses ciclos reparando o dano causado às relações, seja ele resultante de um crime ou de outras transgressões, fazendo-o de modo consonante à sabedoria indígena (africana e de outras tradições). Justiça, nessa acepção, se torna um campo de cura e não um campo de batalha.

Na cultura ocidental, somos socializados para acreditar que nascemos com o desejo de infligir uma contraviolência ou retaliar contra a pessoa que causou um mal a nós ou a alguém que amamos, e que a justiça sempre foi e sempre será feita dessa maneira. Na realidade, longe de ser natural ou universal, essa visão adversarial de justiça é uma construção histórico-cultural relativamente recente, que surgiu por volta dos anos 1200 com o surgimento do Estado-nação e do capitalismo racial. Embora a justiça restaurativa seja novidade para a filosofia do direito ocidental, não é de todo nova no curso da história humana. Na maior parte da história da humanidade, a reconciliação e restituição às vítimas e a seus parentes tinha precedência em relação à vingança. Isso porque restaurar a paz social e evitar disputas sangrentas eram preocupações sociais primordiais. A restituição e a reconciliação, e não a punição, eram aspirações fundamentais.

De fato, na maioria das línguas indígenas, não existe uma palavra equivalente a prisão. Se você roubasse algo ou ferisse alguém, os membros da sua família pagariam a restituição – por exemplo, na África, a restituição poderia ser paga com milho, óleo de palma, galinhas, cabras ou vacas. Eles exerceriam, assim, uma influência corretiva. Sua transgressão, o ato em si, seria envergonhado, não você. A família estimula você a solidarizar-se com a pessoa que você prejudicou, reconhecer o erro, pedir desculpas, fazer as pazes e pedir perdão. Até mesmo o homicídio não era punível com a morte, na maioria das sociedades antes dos anos 1200. Por exemplo, na antiga Zimbábue, se você matasse alguém, deveria pagar 109 cabras. Se você não tivesse cabras, ofereceria um de seus filhos à família da vítima. Se você não tivesse filhos, um adulto da sua família passaria a viver com a família da pessoa que havia morrido. Embora a expectativa da família fosse que esta nova pessoa os servisse, ela era aceita e livre para se casar com alguém da nova família e buscar seu sustento como qualquer outro. O foco da justiça indígena é a reparação e a reconstrução, a fim de fortalecer os relacionamentos e promover harmonia social.

Ocho Elechi, estudioso da justiça indígena africana, observa que os processos de justiça indígena africana continuam sendo amplamente usados na África dos dias de hoje, muitas vezes ao lado das práticas da justiça ocidental moderna. Elechi atribui as baixas taxas de criminalidade e encarceramento na maioria dos países africanos (se comparadas às das nações ocidentais) à maior efetividade dos processos de justiça indígenas africanos.[13]

Enquanto a abordagem do sistema de justiça eurocêntrico moderno foca rigorosamente no indivíduo que causou o dano, a justiça restaurativa, coerente com a justiça indígena, expressa uma preocupação mais ampla e comunitária ao focar nas necessidades e responsabilidades daqueles que causaram o dano, daqueles que foram diretamente atingidos e das demais pessoas e comunidades afetadas. A atenção a toda coletividade é o que caracteriza a justiça restaurativa como uma justiça comunitária, holística e equilibrada.

A justiça restaurativa proporciona uma oportunidade para que o causador do dano e os afetados por ele se solidarizem uns com os outros, ao invés de promover hostilidade entre eles e suas comunidades. Se for o caso, encoraja a pessoa responsável e a comunidade a assumir a responsabilidade pelos atos nocivos e a fazer as pazes. Os processos de justiça restaurativa convocam indivíduos e a comunidade a tomar medidas para prevenir a repetição do dano. Em última instância, ela oferece processos em que a pessoa prejudicada e todas as partes impactadas possam começar a se curar.

A justiça criminal vê o crime como violação de leis e a justiça como punição. Intencionalmente coloca duas partes opostas, uma contra a outra, em uma batalha de soma zero para determinar o certo/errado, a culpa/inocência, o vencedor/perdedor. A justiça restaurativa vê o crime como vidas estilhaçadas e a justiça como cura. E não existem lados. As partes entram no processo de justiça conjuntamente focadas na responsabilização e na questão central comum: como podemos curar e transformar os relacionamentos e as estruturas após o dano? Na medida do possível, a justiça restaurativa busca a cura de todos e não a vitória de um. Isso acontece frequentemente através de um tríplice processo colaborativo e dialógico que envolve: 1) o ato de contar a história e a construção de relações; 2) o estabelecimento da verdade e a responsabilização; e 3) a ação reparadora. O processo da justiça restaurativa procura alcançar estes três elementos, ainda que as partes não se encontrem cara a cara.

A justiça restaurativa eleva as vozes dos sobreviventes, das famílias, das comunidades e das partes responsáveis de um modo que raramente ocorre no contexto adversarial. Busca, dessa maneira, maior autogovernança comunitária, pois todos os membros impactados pela transgressão se reúnem para identificar o dano, avaliar as necessidades, encarar as responsabilidades e, na medida do possível, curá-lo e repará-lo. Ela altera o lugar do projeto de justiça, indo da dependência de sistemas e de profissionais para a confiança no envolvimento das comunidades e de pessoas comuns. Ela nos move do "eu" individualista para o "nós" comunalista, fortalecendo, assim, as comunidades. A segurança e a proteção do indivíduo e da comunidade emergem de comunidades mais saudáveis e autogovernáveis, e não do maior número de policiais ou prisões.

Para a justiça restaurativa, a resposta vingativa e punitiva ao dano é inaceitável, pois, no plano social, ela coloca em movimento um ciclo de violência e contraviolência que se retroalimenta. A punição, equivalente a uma vingança oficialmente autorizada, é uma mera variação do dano originalmente causado, que o replica e o reproduz, resultando, portanto, na destruição das redes de segurança comunitária e no colapso social. Olho por olho e dente por dente deixa o mundo inteiro cego e sem dentes. No plano individual, uma resposta punitiva e vingativa nos causa dano psicológico. Ela nos prende ao passado e nos amarra a definições incapacitantes de nós mesmos, e a uma excessiva identificação com a dor, nos confundindo sobre quem de fato somos. Esse apego ao sofrimento bloqueia o caminho para a cura, glorifica a vingança e amplia a dor. Aprisionada pela dor e pelo passado, a parte ofendida vivencia a vitimização novamente, só que dessa vez ela é autoinfligida. Está cientificamente comprovado que ódio e raiva corroem nosso bem-estar nos âmbitos emocional e físico.

Isso não significa que as pessoas que foram prejudicadas devam perdoar. Na realidade, trata-se de um convite para transformar respostas punitivas e vingativas. É importante que os sobreviventes não se sintam pressionados a perdoar. Não existe coerção nos processos de justiça restaurativa. Ao contrário de noções populares que associam justiça restaurativa ao perdão, o perdão não é exigido nem garantido nos processos de justiça restaurativa. Tampouco é um determinante de sucesso. O sucesso ocorre quando os encontros são bem preparados e bem facilitados, permitindo que as pessoas ofendidas se sintam seguras o suficiente para compartilhar livremente suas histórias e expressar suas necessidades, e que as pessoas que provocaram o dano contem a verdade, exprimam arrependimento e responsabilidade, e ofereçam reparações. O sucesso continua quando todos os participantes elaboram juntos um plano de reparação do dano que realmente se cumpre. Isto pode (ou não) levar ao perdão. Seja como for, a justiça restaurativa fez o seu trabalho.

Em última instância, a justiça restaurativa representa o alvorecer de uma nova justiça, do Sol Luminoso, que transcende as premissas punitivas e limitadas da justiça predominante e oferece uma visão de justiça mais ampla, inspirada nos valores indígenas. Isto é, uma justiça nova, apesar de antiga, que é curativa, relacional, baseada na comunidade, inclusiva, participativa, fundada na responsabilização e nas necessidades, e voltada para o futuro.

3

Integrando Justiça Racial e Justiça Restaurativa

FUNTUMFUNAFU DENKYEMFUNAFU

Esses crocodilos frequentemente brigam quando comem juntos, apesar de compartilharem um só estômago. Vamos parar de brigar; nosso destino comum nos une.

Conforme fui aprendendo mais sobre justiça restaurativa, percebi que o número de livros, artigos e ensaios sobre o assunto era espantoso. Considerando minha longa trajetória como militante por justiça racial, é evidente que eu estava especialmente interessada em explorar a intersecção entre justiça racial e justiça restaurativa. Em uma busca no Google, no entanto, não apareceram nem cinco publicações abordando raça, branquitude, o movimento pelos direitos civis, encarceramento em massa ou a sobrerrepresentação de pessoas racializadas no sistema de justiça criminal. Tampouco havia menção de alguma conferência ou outro tipo de encontro sobre o tema. O movimento de justiça restaurativa parecia não ter nenhuma consciência de justiça racial!

O panorama a seguir sobre a natureza e a história da raça e do racismo nos Estados Unidos joga luz sobre o porquê da comunidade de justiça restaurativa ter deixado de abordar a questão racial. Este capítulo também nos chama atenção sobre a urgência de vermos a justiça restaurativa enquanto um movimento social, não apenas como um serviço social. Conclui com reflexões sobre a importância da raça no movimento de justiça restaurativa e da cura no movimento por justiça racial. Apesar de estarmos vislumbrando mudanças, muitas vezes justiça racial e justiça restaurativa são vistas como opostas. Em termos de arquétipos, uma invoca o guerreiro e a outra o curandeiro. Se queremos ser o mais transformadores possível, seja como defensores da justiça racial ou da justiça restaurativa, devemos transcender a dualidade e integrar o guerreiro e o curandeiro.

RAÇA E RACISMO NOS ESTADOS UNIDOS

Os Estados Unidos são um país nascido do sangue da escravização de africanos e do genocídio dos indígenas americanos. Está fundado na supremacia branca: a crença fundamental de que a raça branca é inerentemente superior à raça negra. Apesar de não haver base biológica ou genética para a ideia de raça, este país construiu deliberadamente esta noção pseudocientífica para justificar os inomináveis terrores do escravismo. Povo "branco" e povo "negro" são invenções histórico-sociais. Nem os povos e nem as designações existiam antes da escravidão.

Raça não é algo real, mas o racismo é muito real. Somos uma nação que é relutante em confrontar e ser honesta sobre o sentido de escravidão, genocídio, linchamento, segregação e encarceramento em massa – assim como em reconhecer a enxurrada incessante de violências racistas contra comunidades racializadas*. Apesar de a escravidão ter sido juridicamente abolida no século XIX, assim como foram o sistema de arrendamento de condenados** e as leis Jim Crow no século XX, o terror racial e a supremacia branca, em sua essência, permanecem vivos na forma de encarceramento em massa e brutalidade policial racializados. Eles permanecem vivos quando o quadragésimo quinto presidente diz que monumentos aos confederados são "bonitos", quando refere-se a El Salvador, Haiti e a países africanos como "buracos de merda" e quando cria uma falsa equivalência moral entre, por um lado, os violentos membros da Ku Klux Klan e os neonazistas, e, de outro, manifestantes agindo em legítima defesa. Os séculos de omissão em confrontar essa história nos condenam perpetuamente a repeti-la. Nossa inabilidade de analisar de modo realista o passado nos impede de assumir a responsabilidade coletiva, transformar relações e estruturas sociais e, finalmente, deixar o passado para trás.

Os americanos são socializados para reduzir o racismo a expressões individuais de preconceito e atos ostensivos

* No original, *communities of color*. (Ver nota p. 10.) [N.Ts.]

** No original, *convict leasing*. Sistema de arrendamento de condenados para trabalhos forçados que existiu após o fim da Guerra Civil, a abolição da escravidão e a adoção da 13ª Emenda à Constituição dos EUA. Nesse sistema, empresas e indivíduos pagavam taxas de arrendamento para governos estaduais, municipais e locais em troca do trabalho forçado de presos, que ocorria em rodovias, minas, latifúndios, etc., sem nenhuma remuneração e em condições degradantes. O tema será melhor explorado no capítulo 5. [N.Ts.]

de intolerância. No entanto, o racismo nos Estados Unidos é tridimensional: estrutural, institucional e individual (ver figura 1 na página 46).

Racismo estrutural é a normalização e legitimação da supremacia branca, decretada desde os primórdios da nação por vastas forças históricas, governamentais, culturais, econômicas, educacionais, institucionais e psicológicas, todas contribuindo de modo articulado para perpetuar a desigualdade racial. Essas forças conspiram para criar um sistema absoluto de poder desigual que privilegia a pele branca e desfavorece a pele negra, um sistema que segue inalterado na sua potência ao longo do tempo. O racismo estrutural não pode ser facilmente localizado em nenhuma prática específica ou institucional, porque ele permeia e impregna todas elas: "ele reforça [...] efeitos de múltiplas instituições e normas culturais, do passado e do presente, produzindo continuamente novas formas de racismo e reproduzindo as antigas".[1]

Racismo institucional envolve as práticas e políticas onipresentes em escolas, ambientes de trabalho, estabelecimentos financeiros, lugares de moradia, hospitais, no sistema de justiça e em outras instituições privadas e públicas que, intencionalmente ou não, produzem resultados que constantemente favorecem brancos, enquanto desfavorecem pessoas racializadas. Alguns exemplos são políticas que resultam em *redlining**, na rota escola-prisão, no encarceramento em massa, nas execuções extrajudiciais e nas desigualdades persistentes na expectativa de vida, na saúde e na renda.

---

* *Redlining* é a prática discriminatória de negar ou dificultar atendimentos, serviços, empregos etc. a pessoas residentes em determinadas áreas com base na composição racial da população local. [N.Ts.]

Racismo individual compreende o preconceito racial implícito ou explícito que se manifesta nas esferas interpessoais. Apesar de termos presenciado um crescimento do racismo declarado na era Trump (por exemplo, o aumento de crimes de ódio racial),[2] nos dias de hoje o racismo individual manifesta-se principalmente como um preconceito implícito, e ocorre quando uma pessoa rejeita os estereótipos raciais no nível consciente, porém segue aderindo a eles de modo inconsciente. O preconceito racial implícito é mais insidioso que o explícito porque ele comanda nosso comportamento, apesar de estarmos completamente inconscientes disso. Por exemplo, pesquisas realizadas com atiradores profissionais, os *shooter studies** demonstram que a polícia tende a ser mais rápida em associar a culpabilidade com a negritude e, em consequência, tende a tomar decisões em frações de segundos para usar força letal contra negros mais do que contra brancos.[3]

Mais de 85% de todos os estadunidenses se consideram sem preconceitos, mas estudos mostram que a maioria dos americanos têm preconceitos raciais implícitos.[4] Uma pesquisa revelou que 80% das pessoas brancas e 40% das pessoas negras têm um viés pró-brancos, demonstrando que reiteradamente as pessoas negras são associadas a estereótipos negativos, sendo consideradas, por exemplo, más, preguiçosas, agressivas e desagradáveis.[5] Historicamente, quando pessoas marginalizadas têm preconceitos raciais implícitos, isto geralmente é descrito como opressão internalizada.[6]

* Campo de estudos sobre a questão dos disparos ilegais de policiais contra membros de minorias raciais em que são realizadas pesquisas empíricas e experimentos sobre o funcionamento do preconceito racial de atiradores. [N.Ts.]

A visão comum de que uma pessoa negra expressando um sentimento antibranco pode ser tão racista quanto uma pessoa branca expressando um sentimento antinegro é equivocada. Isto porque o racismo antinegro tem o reforço de quase quatrocentos anos de poder estrutural e institucional, portanto, é mais potente e virulento em diversas ordens de grandeza; não há comparação.

FIGURA 1

A justiça restaurativa existe dentro de estruturas e instituições racistas, sendo condicionada por elas e por preconceitos raciais individuais. O racismo estrutural não é algo que as pessoas brancas de hoje escolheram ou criaram. No entanto, elas se beneficiam dele e são responsáveis por transformá-lo, porque o *status quo* é racista. Não obstante as boas intenções, não fazer nada em relação ao racismo significa necessariamente reproduzi-lo. Não agir é ser cúmplice.

JUSTIÇA RESTAURATIVA COMO MOVIMENTO SOCIAL

Sempre vi o campo da justiça restaurativa como um movimento social – um esforço coletivo, pouco organizado, porém sustentado, composto de uma gama de indivíduos e grupos buscando transformar estruturas sociais, instituições e indivíduos. Curar o dano interpessoal requer o comprometimento de transformar o contexto no qual ele ocorre: as condições sócio-históricas e as instituições que estão estruturadas justamente para perpetuar os danos raciais. Esse comprometimento pode significar ver a justiça restaurativa não somente como capaz de curar danos individuais, mas também de transformar estruturas sociais e instituições que são produtoras de danos massivos. Deixar de adotar uma visão assim expandida é correr o risco de que a justiça restaurativa ofereça uma solução rápida, abordando os sintomas, mas não as causas subjacentes. Isto é semelhante ao jardineiro que, apesar de dedicado ao bem-estar das plantas individualmente, ignora a saúde do solo. O jardineiro habilidoso tende a olhar tanto para as plantas quanto para o ecossistema. O sucesso da justiça restaurativa depende de não nos vermos apenas como agentes da transformação individual, mas também como condutores de transformações sistêmicas.

Na verdade, o campo da justiça restaurativa surge e é herdeiro de uma série de movimentos sociais, como o movimento pelos direitos das vítimas, o movimento feminista, o movimento pró-mediação de conflitos, o movimento abolicionista da prisão e os movimentos pela paz. Ele tem uma relação especial de parentesco com o movimento pelos direitos civis e sua fundamentação espiritual em princípios como a não violência, *ahimsa*[7], *satyagraha*[8], o estabelecimento da verdade e a compaixão pelo inimigo. A justiça restaurativa é condizente com a visão de Martin Luther King sobre a justiça como "o amor corrigindo aquilo que se revolta contra o amor".

RAÇA E MOVIMENTOS SOCIAIS

A ausência de consciência sobre justiça racial na comunidade da justiça restaurativa é resultado direto do racismo estrutural e institucional, e parte de um padrão histórico arraigado: com exceção dos movimentos iniciados por pessoas racializadas, praticamente todos os movimentos sociais nos Estados Unidos começaram brancos e não se engajaram com as questões raciais, especialmente nas primeiras décadas. Os preconceitos racistas e elitistas do movimento de mulheres, por exemplo, foram expostos e denunciados por Sojourner Truth, por Frederick Douglass e, mais tarde, pela Third World Women's Alliance [Aliança das Mulheres do Terceiro Mundo], por Angela Davis e pelo movimento Black Lives Matter [Vidas Negras Importam]. Agora, estamos assistindo a mudanças. A histórica Marcha das Mulheres de 2017 trouxe uma mensagem consistente (mesmo que somente após a intervenção de mulheres racializadas): as questões sociais atuais, além da paridade salarial e dos direitos reprodutivos, são questões de *todas* as mulheres. Por exemplo, o encarceramento em massa, as execuções extrajudiciais, a transfobia, a islamofobia, a xenofobia, o meio ambiente e a água, a ocupação da Palestina e a justiça econômica. O movimento das vítimas de violência também está mudando. Crime Survivors for Safety and Justice [Sobreviventes de Crimes pela Segurança e por Justiça], Common Justice [Justiça Comum] e outros estão questionando os estereótipos raciais que retratam as pessoas que sofreram dano como brancas e as pessoas que causam danos como não brancas. Essas transformações nos movimentos de mulheres e de vítimas de violência sinalizam o surgimento de uma consciência mais intersetorial e de maior sensibilização sobre justiça racial e social no interior dos espaços de ativismo.

Vemos um padrão similar no interior do movimento por justiça restaurativa. Em 2011, um pequeno grupo de profissionais de justiça restaurativa e eu nos reunimos, debatemos a preocupante brancura do movimento por justiça restaurativa e resolvemos agir. Isso culminou na primeira conferência nacional de justiça restaurativa (2013), que apresentou raça e justiça restaurativa como tema e promoveu um diálogo entre defensores da justiça racial e da justiça restaurativa. Ao longo dos anos seguintes, encontros, pesquisas, publicações e os currículos vêm, cada vez mais, abordando a igualdade racial. Uma dramática representação dessa transformação foi a conferência nacional de 2017, coorganizada pela Restorative Justice for Oakland Youth (RJOY; Oakland, CA) [Justiça Restaurativa para a Juventude de Oakland], que deu centralidade às vozes historicamente marginalizadas nos campos de raça, gênero, classe e religião, e de pessoas em situação de encarceramento e imigração. Não é coincidência que muito desse impulso transformativo tenha se originado em Oakland, o lugar onde nasceu o Partido dos Panteras Negras, uma organização icônica em favor da justiça racial e social fundada em 1966. Hoje, cerca de cinquenta anos depois, Oakland é um lugar de florescimento da justiça restaurativa, onde pessoas a praticam por meio de uma lente de justiça racial e social e honram suas raízes indígenas.

A RAÇA IMPORTA NA PRÁTICA DA JUSTIÇA RESTAURATIVA

A justiça restaurativa corre o risco de perder relevância se nós, enquanto profissionais do ramo, não nos tornarmos mais qualificados em identificar, lidar e transformar o dano racial. O racismo estrutural permeia todas as nossas instituições, o que significa que a raça importa quando atuamos em escolas, na justiça criminal, no ambiente de trabalho ou na comunidade. Além disso, o Censo Estadunidense de 2015 mostra que mais da metade de todas as crianças abaixo de 18 anos serão membros de minorias raciais em 2020 e, em 2044, norte-americanos brancos não constituirão mais a maioria. No entanto, de acordo com todos os indicadores, as desigualdades raciais gritantes persistem.[9]

Considerando a mudança demográfica do país e as persistentes, senão aprofundadas, desigualdades raciais, uma abordagem de justiça restaurativa que ignore essas disparidades será percebida como desinformada e indiferente, senão irrelevante e racista. Deixar de reconhecer e deixar de agir para obter justiça racial é a mesma coisa que autorizar a continuidade dos legados vivos da escravidão, do genocídio e da segregação. Com o crescimento da conscientização sobre o terror policial contra pessoas racializadas e o ressurgimento de crimes de ódio racial branco, estamos vivendo uma experiência dramática dessa verdade.

A CURA IMPORTA EM MOVIMENTOS POR JUSTIÇA RACIAL

Assim como defensores da justiça restaurativa têm historicamente ignorado a questão racial, os ativistas por justiça racial, incluindo a mim mesma no passado, têm desconsiderado a necessidade de cura nos níveis individual e coletivo. No entanto, isso está começado a mudar. Grace Lee Boggs, um dos maiores símbolos da luta por liberdade do país, deixou um legado de ativismo social radical inspirado na espiritualidade. Outra celebrada referência na luta pela liberdade, Ella Jo Baker, acreditava que líderes de movimentos não podiam criticar o elitismo e a hierarquia na sociedade enquanto reproduzissem os mesmos valores nas suas organizações e vidas pessoais. Essa questão é abordada também pelos jovens ativistas negros de hoje, que são menos dualistas e mais amorosos e compassivos em sua maneira de estarem presentes uns para os outros e para a Terra se comparados às gerações anteriores.

Isso talvez fique mais evidente na rede do movimento Black Lives Matter (BLM), que surgiu após a morte de Trayvon Martin em 2012 e, com o assassinato de Michael Brown em 2014, rapidamente se difundiu. Os princípios do BLM incluem comprometimento com "justiça restaurativa", atuação "amorosa [para] cultivar uma comunidade amorosa" e "praticar empatia (...) justiça, libertação e paz em nossas relações recíprocas". Eles buscam elevar vozes historicamente marginalizadas, em particular aquelas de pessoas de minorias sexuais e de gênero, trans, sem documentos, e irmãos e irmãs com deficiências, bem como criar "famílias estendidas e 'aldeias' que coletivamente cuidam umas das outras", sobretudo das crianças. Esses princípios, belamente formulados, demonstram uma maior conscientização sobre a importância do trabalho interno de autotransformação enquanto se transforma o mundo.[10]

Embora essas louváveis aspirações expressem a visão da liderança que fundou o BLM (não necessariamente da totalidade desse movimento descentralizado), elas estão muito distantes da experiência que tive em sucessivas ondas de ativismo dos anos 1960 aos 1990. Naquele tempo, as palavras *amor, empatia* e *cuidado* não eram apenas ausentes do nosso vocabulário, mas eram desprezadas. A hipermasculinidade, a hiper-racionalidade, a militância, a dureza e a "fúria revolucionária" eram exaltadas. A espiritualidade era tabu e violava os preceitos fundamentais do marxismo e do materialismo dialético. Naquela época, tentei esconder minhas práticas espirituais, meditativas e de yoga, mas camaradas que acabaram descobrindo me transformaram em alvo de piadas e ridicularização.

Ao participar do movimento pela paz durante a Guerra do Vietnã, meus companheiros e eu não cultivávamos a paz nas relações entre nós. Apesar de defendermos a igualdade, criamos hierarquias no interior de nossa organização. Os líderes, homens cisgênero, eram sexistas, e com frequência relegavam as mulheres aos bastidores. Fomos socializados em formas modernas e colonizadas de pensar, ser e conhecer, defendendo ou isto/ou aquilo, certo/errado, e outras dualidades que criam divisões ao invés de totalidade. Mesmo verbalmente afirmando a necessidade de estratégias, liderança e ações coletivas, na verdade éramos muitas vezes individualistas e egoístas nas nossas interações, o que levou a conflitos internos que, estimulados por agentes provocadores, por vezes foram letais.

Hoje, o movimento BLM, incluindo grupos como Black Youth Project 100, lidera a tendência emergente de abordagens do ativismo que são mais relacionais, holísticas e criativas, e ajuda a catalisar grandes transformações antirracistas em todo o país. No entanto, ainda é largamente ausente na maioria dos projetos por justiça racial e social um compromisso com a cura radical (por exemplo, autocura, cura de traumas, cura comunitária, cura transracial e cura de danos históricos).

A cura é muito importante para nós, nos Estados Unidos. Historicamente temos buscado justiça, com níveis variados de sucesso. Vencemos ao abolir a escravidão, mas o terror racial que era a essência da escravidão sobreviveu e continuou por meio do sistema de arrendamento de condenados, das leis Jim Crow e dos linchamentos. Apesar de termos aprovado leis para abolir essas consequências do escravismo, elas permanecem hoje, tendo se transformado em encarceramento em massa e terror policial racializados. Na verdade, nem a afirmação de que vidas negras importam é nova. No início do século XIX, o símbolo abolicionista era um homem negro acorrentado, de joelhos, com uma frase circundando sua cabeça: "Eu não sou um homem e um irmão?". Este era um slogan que os abolicionistas utilizaram novamente em meados do século XIX, durante a luta em torno da decisão da Suprema Corte no caso Dred Scott. Durante o período de luta do movimento pelos direitos civis, na Greve Sanitária de Memphis em 1968, as inscrições "EU SOU UM HOMEM!" procuravam afirmar a humanidade negra. Hoje, o movimento BLM ecoa a mesma questão, embora com uma maior consciência sobre gênero e expressão de gênero. De modo semelhante, o programa de dez pontos do Partido dos Panteras Negras, lançado há mais de cinquenta anos, reivindicava moradia decente, renda, assistência de saúde e educação, assim como o fim da violência policial, do encarceramento em massa e do desemprego. Essas mesmas reivindicações foram feitas durante o período da Reconstrução[11]. Elas continuam a ressoar nos dias atuais.

Chegamos a um momento histórico nos Estados Unidos em que está claro que, se não buscarmos tanto justiça quanto cura, a injustiça continuará se replicando *ad nauseum* e nos veremos entoando as mesmas reivindicações de justiça social geração após geração. Juntas, a justiça restaurativa, enquanto movimento consciente da justiça racial, e a justiça social, enquanto movimento consciente da justiça restaurativa, oferecem um caminho promissor a trilhar.

4

Raça, Justiça Restaurativa e Escolas

AKONONAN

A galinha pisa nos pintinhos, mas não os mata. Vamos nutrir e disciplinar nossas crianças, mas não feri-las.

Um menino negro de 4 anos de idade foi suspenso numa pré-escola da Califórnia por furto, pois pegou de volta seu saco de balas Skittles que o diretor confiscara.

Um menino de 7 anos, negro e com necessidades especiais, foi preso por fazer birra enquanto decorava um ovo de Páscoa.

Por rabiscar sua mesa, uma menina, latina, de 12 anos, foi presa por um policial do Departamento de Polícia de Nova York, algemada, exposta em público e retirada da escola por depredar bens públicos.

Uma briga por comida na lanchonete de uma escola de ensino fundamental em Chicago resultou em detenções e dois dias de suspensão para 25 crianças negras, com idade entre 11 e 15 anos, por conduta irresponsável.

Um garoto negro de 14 anos foi preso acusado de conduta contrária à ordem pública e furto de pequena monta por "roubar" uma caixa de leite que custava 65 centavos, apesar de ele ter direito a ela enquanto participante do programa de almoço gratuito da escola.

Uma premiada estudante afro-americana, de 16 anos, foi detida por posse de dispositivo perigoso porque seu experimento científico deu errado, mesmo não tendo causado nenhum dano a pessoas ou bens.

Um policial bateu violentamente, retirou de sua mesa e arrastou para fora da sala de aula uma menina negra que estava sentada e quieta porque ela não entregou seu telefone celular. Uma colega que filmou o incidente com seu telefone também foi detida.

Casserian njera é uma saudação tradicional do povo massai, que habita o Quênia e o norte de Uganda. Na tradução da língua maa, significa: "Como estão as crianças?". Nas estradas poeirentas, nos caminhos das montanhas e nos mercados dos vilarejos, os lendários e ferozes guerreiros massais sempre fazem e respondem a essa pergunta. Ela está sempre em suas mentes, em seus corações e ecoando no ar.

Como sugerem as histórias verídicas e estarrecedoras relatadas acima, de violência voltada contra nossas crianças, temos muito a aprender com esses povos ancestrais sobre a centralidade da responsabilidade social de cuidar dos mais indefesos e vulneráveis. Essas histórias não são aberrações, são produto do racismo estrutural, institucional e individual sobre o qual está fundado os Estados Unidos.

Após uma introdução sobre a importância da educação para a libertação do povo negro, este capítulo aborda as políticas atuais de tolerância zero na disciplina escolar e suas causas e consequências, especialmente para crianças racializadas*. Investiga-se o crescente corpo de dados que demonstram o quanto as estratégias escolares de justiça restaurativa têm sido bem-sucedidas em transformar a disciplina da tolerância zero e melhorar as condições e os resultados da educação para jovens racializados**. Por fim, o estudo dos casos de Oakland (Califórnia) e Denver (Colorado) oferece exemplos de sucesso sobre como a justiça restaurativa pode reduzir desigualdades raciais na disciplina escolar.

EDUCAÇÃO COMO PRÁTICA LIBERTADORA

Dos tempos da escravidão até os dias de hoje, o povo negro tem valorizado a educação como uma prática libertadora. Era ilegal para negros escravizados aprenderem a ler e escrever. Quando o senhor de escravos soube que sua mulher estava ensinando o jovem Frederick Douglass a ler, ele a proibiu imediatamente: "Se você o ensinar a ler, não podemos mais ficar com ele. Isso o tornaria inapto a ser escravo". Ao ouvir essas palavras, Douglass teve uma epifania, entendendo naquele momento que a educação era "o caminho da escravidão para a liberdade" e a coisa mais importante que ele e outros escravizados poderiam fazer para se libertarem. Douglass seguiu estudando e tornou-se um líder dos movimentos abolicionista e pelos direitos das mulheres, um autor campeão de vendas e diplomata estadunidense.

A autora e educadora bell hooks segue essa tradição negra, exortando os educadores a praticarem uma revolucionária pedagogia da resistência, que é profundamente anticolonial e antirracista. É a educação como prática da liberdade,

* No original, *children of color*. (Ver nota p. 10) [N.Ts.]
** No original, *youth of color*. (Ver nota p. 10) [N.Ts.]

conforme afirma o famoso educador crítico Paulo Freire. E isso significa implementar práticas que desafiam preconceitos curriculares e pedagógicos que reforçam sistemas de dominação como o racismo e o sexismo e, ao mesmo tempo, criam formas inovadoras de ensinar a grupos diversificados de alunos. No entanto, ao invés de criar caminhos para a libertação e oportunidades, muitas escolas de hoje estão levando as crianças ao caminho do encarceramento e da violência.

DISCIPLINA ESCOLAR DE TOLERÂNCIA ZERO

As práticas escolares de tolerância zero criminalizam as crianças ao invés de educá-las. Criam punições obrigatórias (muito semelhantes às do sistema de justiça criminal) para o caso de descumprimento de certas regras, mesmo para as transgressões mais leves, punições que com frequência envolvem isolamento em uma sala, expulsão ou suspensão. A tolerância zero se intensificou após o massacre da Columbine High School, no estado do Colorado, no final dos anos 1990. Isto chegou ao ponto de, hoje, a arquitetura escolar mimetizar a arquitetura prisional e o ambiente ser ainda mais parecido com um centro de detenção, especialmente em comunidades racializadas* e de baixa renda, onde houve também um aumento da presença policial e da vigilância (por exemplo: uso de detectores de metal, câmeras de segurança e scanner portátil para revista). Nas últimas décadas, suspensões e isolamento em uma sala separada tornaram-se a norma na escola, não apenas para ataques a mão armada, mas também para respostas a professores, atrasos, brincadeiras de adolescentes e até pirraça e birra. Ao longo do tempo de implementação dessas políticas, as suspensões escolares cresceram 100%.

* No original, *communities of color*. (Ver nota p. 10) [N.Ts.]

Tais políticas são entendidas como necessárias para aumentar a segurança e o rendimento acadêmico, mas as pesquisas e a realidade desmentem essa impressão. Na verdade, as escolas com taxas mais altas de suspensão não são melhores nem mais seguras do que aquelas com poucas suspensões.[1] O tempo de aprendizado é um dos mais fortes indicadores de sucesso acadêmico e social. Pesquisas demonstram que retirar crianças de sala de aula contribui para perda de tempo de instrução, redução do engajamento escolar e diminuição da confiança entre alunos e adultos. A suspensão também priva os estudantes da supervisão dos adultos por longos períodos. Além disso, ser suspenso no nono ano duplica as chances de evasão escolar e triplica a probabilidade de envolvimento com a justiça juvenil no intervalo de um ano.[2]

Altas taxas de suspensão também custam bilhões para os contribuintes. De acordo com pesquisadores, somente as suspensões do primeiro ano do ensino médio levaram a 67 mil casos de abandono escolar nos Estados Unidos, resultando na perda de 163 mil dólares em receitas fiscais ao longo de uma vida inteira, e mais 364 mil dólares em outros custos sociais, incluindo despesas com saúde e justiça criminal, representando um gasto cumulativo de 35 bilhões de dólares.[3]

DESIGUALDADES RACIAIS

As políticas de tolerância zero impactam desproporcionalmente os estudantes racializados*. Alunos afro-americanos são quase quatro vezes mais suscetíveis a serem suspensos da escola que seus colegas brancos, mesmo tendo cometido infrações semelhantes. Meninas negras são suspensas oito vezes mais do que suas colegas brancas.[4] As

* No original, *students of color*. (Ver nota p. 10) [N.Ts.]

diferenças de comportamento não explicam essas disparidades. Atualmente, 80% dos professores de escolas públicas no país são brancos e, consequentemente, o preconceito racial implícito é mais provável de ocorrer em escolas públicas onde a maioria da população estudantil é racializada. Um estudo demonstrou que professores tratam estudantes afro-americanos de modo menos favorável que os brancos. Outro, que um professor explicará a má conduta de um estudante branco referindo-se a fatores externos, como família, enquanto verá o mal comportamento de um estudante negro como atribuível a deficiências internas, como falta de autocontrole.[5] O preconceito implícito de indivíduos na cadeia de tomada de decisão acerca da disciplina escolar, sobretudo decisões discricionárias, produz resultados adicionais que são racialmente díspares.

O resultado é que crianças racializadas são punidas de modo mais severo do que crianças brancas por faltas relativamente leves e subjetivas. Quanto mais subjetiva a categoria de falta disciplinar (por exemplo: insubordinação, desobediência, desafio à autoridade) maior o risco de o preconceito racial implícito ou explícito se infiltrar no processo discricionário.[6] Submetidas a formas interseccionais de estereotipação baseadas em raça e gênero, como sendo "barulhentas" e "do gueto", meninas negras são especialmente penalizadas por se desviarem das normas de gênero e das expectativas sobre o comportamento "feminino", pautado em modelos de feminilidade branca.[7]

Além disso, a presença de policiais em escolas aumentou e em consequência dos massacres escolares, com o crescimento do encarceramento em massa, a ponto de quase 30% das escolas nos Estados Unidos terem presença policial, resultando no encaminhamento de centenas de milhares de crianças ao sistema judicial.[8] Colocar a polícia nas escolas criminaliza comportamentos infantis e adolescentes normais. Cada vez mais crianças são algemadas, levam choques e spray de pimenta e são agredidas, o que não surpreende, dado que policiais são treinados para fazer uso da força e, em média, recebem 120 horas de treinamento utilizando a força para cada oito horas de formação em resolução de conflitos.[9] Além disso, são os estudantes negros que sofrem o impacto mais negativo. Em âmbito nacional, apesar de serem somente 15,5% dos alunos matriculados, os negros representam 33,4% dos alunos detidos, a pior disparidade entre os grupos raciais. E ainda, o contato com a polícia em escolas pode ter consequências desastrosas em termos de questões migratórias para as crianças e suas famílias, provocando um encaminhamento para o ICE (Immigration and Customs Enforcement) [Agência de Segurança Migratória e Alfandegária], que pode, por sua vez, determinar uma apreensão*.[10]

A aposta em suspensão escolar, expulsões e polícia escolar, combinada com o preconceito racial implícito, levam estudantes à rota escola-prisão e os coloca, bem como a suas famílias, em crescente risco de resultados transgeracionais negativos. Essas políticas punitivas não deveriam ter espaço em nossas escolas. Apesar da política de tolerância zero estar diminuindo, como resultado do ativismo, da pesquisa e da pressão pela implementação de alternativas, as disparidades raciais estão diminuindo em ritmo menos acelerado. Por exemplo, depois de uma campanha estadual na Califórnia, chamada Fix School Discipline [Disciplina para Consertar a Escola], as suspensões escolares baixaram mais de 30% para a totalidade

* No original, *detainer*. É uma ferramenta para a detenção de pessoas em situação migratória ilegal que pode levá-las a um sistema de deportação. [N.Ts.]

dos estudantes. Porém, os alunos negros continuaram a ser suspensos ao menos quatro vezes mais que os brancos, quase a mesma taxa anterior à campanha.[11]

JUSTIÇA RESTAURATIVA NAS ESCOLAS

Os valores e crenças comunitários, de igual dignidade de todos os seres, que são inerentes à justiça restaurativa, oferecem esperança, reverberando fortemente a tradição afro-americana de educação para a libertação. O primeiro uso documentado de justiça restaurativa em escolas foi em 1994, quando a metodologia foi aplicada como resposta a um atentado em uma escola de ensino médio em Queensland, na Austrália. Os resultados positivos de estudos piloto levaram à expansão da iniciativa para mais de cem escolas e, depois, as práticas de justiça restaurativa foram adotadas largamente na Austrália e em outros lugares do mundo.[12] A justiça restaurativa tem se tornado cada vez mais conhecida nos Estados Unidos, conforme crescem as evidências de que ela reduz suspensões, expulsões e diminui disparidades raciais.[13] Além disso, durante a era Obama as diretrizes escolares do Ministério da Justiça e do Ministério da Educação advertiram que a discriminação racial não era apenas algo limitado aos anos 1960, e que ela continua presente hoje nas escolas. Essas diretrizes também determinaram que os distritos escolares transformassem as políticas disciplinares excludentes, sob pena de serem processados na justiça federal por violação dos direitos civis.

Há cada vez mais estudos que demonstram a efetividade da justiça restaurativa escolar para a redução de suspensões, expulsões e encaminhamento à polícia, além de a metodologia melhorar o rendimento escolar e reduzir a violência.[14] Por exemplo, de acordo com um estudo de 2015 sobre a implementação, em uma escola, da abordagem de justiça restaurativa para a escola inteira, em Oakland, que comparou escolas com e sem práticas de justiça restaurativa, entre 2011 e 2014, as taxas de formatura nas escolas restaurativas cresceram 60% em comparação com 7% de crescimento em escolas não restaurativas. As notas de avaliação de leitura cresceram 128% *versus* 11%, e a taxa de evasão baixou 56% *versus* 17%. Em 76% dos círculos de conflito o dano foi reparado, com estudantes aprendendo a falar ao invés de brigar diante de desentendimentos, tanto em casa quanto na escola. Nesse mesmo estudo, mais de 88% dos professores disseram que as práticas restaurativas foram um pouco ou muito importantes para lidar com comportamentos difíceis dos alunos.[15]

Mesmo sem o padrão ouro das pesquisas de estudos clínicos randomizados, duplo-cego e controlados, a justiça restaurativa escolar é considerada uma prática promissora, com quase todos os estados no país adotando-a de alguma forma. No entanto, pouquíssimos estudos focam no potencial da justiça restaurativa em reduzir as desigualdades raciais na disciplina escolar.[16] As cidades de Oakland, na Califórnia, e Denver, no Colorado, têm liderado esse processo.

Restorative Justice for Oakland Youth (RJOY; Oakland, CA) [Justiça Restaurativa para a Juventude de Oakland, Califórnia]

A Restorative Justice for Oakland Youth (RJOY) é uma referência nacional no pensamento sobre a prática da justiça restaurativa, que enfatiza suas intersecções com a justiça racial e honra seu *ethos* indígena. Em 2006 eles lançaram o primeiro projeto piloto escolar urbano na Califórnia, em uma escola de ensino fundamental de Oakland. O projeto piloto utilizou conversas e círculos restaurativos de modo proativo para criar uma cultura de conectividade e fornecer de modo responsivo uma alternativa à disciplina escolar excludente. A taxa de suspensão despencou 87% durante os dois primeiros anos, violência e evasão docente foram erradicadas, e os resultados acadêmicos melhoraram.[17] Em 2010, com a ação organizada da juventude e a atuação da RJOY em promoção e assistência, o Oakland Unified School District (OUSD) [Distrito Escolar Unificado de Oakland] adotou a justiça restaurativa como política oficial e destinou significativos recursos humanos e financeiros para esse propósito.

Atualmente, quase quarenta escolas do OUSD implementam uma ampla gama de práticas restaurativas que tanto fortalecem o senso de comunidade quanto reparam os danos de modo proativo. Essas práticas incluem conversas, conferências e círculos restaurativos e mediação, sendo que a liderança estudantil constitui um forte componente. Com frequência as práticas restaurativas são implementadas também em conjunto com outras estratégias voltadas ao clima escolar, como os Positive Behavioral Intervention Systems [Sistemas de Intervenção Comportamental Positiva] e iniciativas provenientes das Secretarias de Igualdade e de African American Male Achievement [Desempenho Masculino Afro-americano]. De 2012 a 2017, as taxas gerais de suspensão no OUSD caíram em torno de 55%: de 7,4% para 3,3%. Apesar das disparidades permanecerem, a diferença disciplinar entre negros e brancos diminuiu de 12,1% para 6,4%, ou seja, houve uma redução de 47%. A lacuna entre latinos e brancos diminuiu de 3,4% para 1,4%, uma redução de 59%.[18]

É digno de nota que uma motivação importante para a adoção da justiça restaurativa como política oficial em todo o distrito, como estabelecido na resolução de 2010 do Conselho Escolar, foi o imperativo legal de se abordar a desigualdade racial na disciplina escolar. O Ministério da Educação dos EUA abriu uma investigação contra o distrito escolar de Oakland por violações de direitos civis na disciplina escolar e, como parte do acordo estabelecido, o distrito concordou, entre outras coisas, em adotar a justiça restaurativa para reduzir a taxa desigual de detenções, suspensões e expulsões de alunos negros em comparação aos brancos.

Padres & Jóvenes Unidos / Denver Public Schools (Denver, CO) [Pais & Jovens Unidos / Distrito de Escolas Públicas de Denver, Colorado]

Em 1992, um grupo de pais realizou protestos, ao longo de todo o ano, por causa de uma escola primária de Denver onde crianças levadas, que falavam espanhol, eram obrigadas a sentar no chão em um canto para almoçar, enquanto crianças levadas que falavam inglês tinham uma mesa especial. Os pais exigiam um pedido de desculpas pela discriminação. Apesar de a escola nunca ter se desculpado, o diretor foi demitido. Este protesto de pais marcou o início de um grupo que, em 2000, veio a ser conhecido como Padres & Jóvenes Unidos [Pais & Jovens Unidos]. Em 2006, o grupo impulsionou uma colaboração com o Denver Public Schools (DPS) [Distrito de Escolas Públicas de Denver] e o sindicato dos professores para lançar um programa piloto de justiça restaurativa em quatro escolas, cujo objetivo era abordar desigualdades raciais em práticas disciplinares. O sucesso do projeto piloto, combinado à atuação permanente do grupo, levou a administração do DPS, em 2009, a adotar a justiça restaurativa como a política oficial de disciplina escolar e expandir as práticas de justiça restaurativa para mais escolas. Com esta ampliação, o DPS transformou um programa isolado de justiça restaurativa, dentro de escolas individuais, em uma política de abrangência distrital, com abordagem e práticas filosóficas baseadas em valores. Entre 2006 e 2013, a taxa geral de suspensão no DPS caiu de 10,56% para 5,63%, um declínio de quase 47%. A taxa de suspensão para afro-americanos caiu 7% e, para latinos, aproximadamente 6%. Apesar de a diferença entre afro-americanos e brancos persistir na disciplina, a lacuna diminuiu de 12 pontos em 2006, para pouco mais de 8 pontos de diferença em 2013, uma redução de 33%.[19] Em 2016, o Padres & Jóvenes Unidos avaliou o DPS com uma nota geral C+* por seus esforços em melhorar o processo disciplinar e acabar com a rota escola-prisão. Seu Community Accountability Report Card [Boletim para Monitoramento da Comunidade] mostra que o DPS está progredindo, mas não a ponto de eliminar as desigualdades raciais na disciplina escolar.

DICAS PARA A REDUÇÃO DAS DESIGUALDADES RACIAIS NA DISCIPLINA ESCOLAR

O episódio abaixo oferece sugestões para formas de redução das desigualdades raciais na disciplina escolar.

Um consultor de justiça restaurativa de Oakland participou de um encontro de administradores escolares em um grande distrito escolar próximo, localizado em uma região majoritariamente abastada e branca, com alguns bolsões de escolas muito carentes nas comunidades racializadas. Historicamente, essas escolas adotavam um alto grau de disciplina excludente, com grandes disparidades raciais. Três administradores, incumbidos de elaborar um plano para tratar dessas questões, leram suas propostas em voz alta. Foram propostas intervenções como atendimento de saúde mental, mediação através de pares, desenvolvimento de

* No sistema de pontuação estadunidense, a nota C+ equivale a um rendimento entre 75 e 79%. [N.Ts.]

caráter ou programas de resolução de conflitos, ou seja, os planos focavam nos déficits comportamentais dos alunos. Os colegas deram retorno positivo, mas o consultor de justiça restaurativa ficou em silêncio. Quando perguntado sobre sua opinião, ele respondeu com uma pergunta: "Quem toma as decisões que resultam em alto grau de suspensões, expulsões e isolamento racialmente desproporcionais?". Depois de um longo silêncio, um administrador finalmente admitiu: "Somos nós". Balançando a cabeça em concordância, o consultor então perguntou: "E quais fatores sistêmicos estão envolvidos?". "Política disciplinar punitiva, segregação escolar, financiamento escolar e qualidade do ensino são alguns deles." O consultor então respondeu que as propostas para alterar o comportamento estudantil poderiam ajudar, mas que haveria pouca mudança caso não fossem implementadas intervenções adicionais abordando o preconceito racial implícito e a relação professor-aluno, assim como esforços do distrito para alterar políticas e o contexto institucional mais amplo que mantém hierarquias racializadas.

Ofereço abaixo três estratégias específicas para implementar a justiça restaurativa em escolas de modo a reduzir as desigualdades raciais.

1. Abordar simultaneamente relacionamentos, racismo institucional e preconceito implícito

Com frequência atribuímos responsabilidade pelas questões de disciplina escolar e desigualdade racial às crianças e seus déficits cognitivos ou de desenvolvimento percebidos, deixando de examinar a questão em mais profundidade, como fizeram os administradores escolares no episódio descrito acima. Isto não surpreende, somos socializados de tal modo a ver o mundo por meio de lentes que focam no indivíduo. Embora essa abordagem comportamental e psicológica possa ser bem-intencionada, ela é míope. Estratégias para criar oportunidades educacionais igualitárias nas nossas escolas requerem muito mais, inclusive desenvolvimento profissional contínuo e rigoroso em justiça restaurativa para toda a equipe. Existem evidências de que professores que implementam práticas de justiça restaurativa com alta fidelidade serão percebidos como mais respeitosos em relação a estudantes de todos os grupos raciais, terão relações mais positivas com todos os alunos e, por essa razão, tenderão menos a basear-se em abordagens disciplinares punitivas do que aqueles que têm baixo nível de implementação de práticas restaurativas.[20] A inferência é de que o preconceito racial implícito será reduzido se as relações professor-aluno, em sala de aula, forem de melhor qualidade. Estratégias relacionais que são racialmente neutras, no entanto, tendem a não reduzir disparidades raciais na disciplina escolar. Estratégias relacionais holísticas que questionam ao mesmo tempo o preconceito pessoal e os fatores sistêmicos (que historicamente mantêm hierarquias raciais na educação) tendem a ser mais produtivas.[21]

Dois profissionais de justiça restaurativa, que têm uma empresa de consultoria na Carolina do Norte, decidiram que, devido à natureza onipresente, insidiosa e nociva do preconceito racial na cultura norte-americana, eles não ofereceriam formação em justiça restaurativa a prefeituras, distritos e escolas sem primeiro exigir que os participantes passassem por uma formação sobre equidade de, pelo menos, três horas de duração. O treinamento em justiça restaurativa subsequente faria referência e aplicaria o que foi aprendido na formação sobre equidade. Esta foi uma decisão dura. Administradores de escolas e clientes em potencial questionaram o motivo pelo qual precisariam desse pré-requisito, insistindo de maneira enfática em passar somente pela formação em justiça restaurativa. Mas a empresa manteve sua decisão.

Formadores de justiça restaurativa que trabalham em escolas, assim como em outras instituições, fariam bem em adotar uma estratégia semelhante. Todos os adultos de uma escola, inclusive aqueles em posição de tomada de decisões que levam a resultados racialmente díspares, não precisam apenas de formação, orientação e supervisão de qualidade em justiça restaurativa. Precisam também de formação rigorosa e contínua em equidade, para desenvolverem uma consciência mais refinada sobre racismo estrutural e institucional, para aprenderem sobre como reproduzem pessoalmente desigualdades estruturais por meio dos seus preconceitos individuais e, ainda, a fim de explorarem estratégias eficazes para desaprender tais condicionamentos culturais. Em outras palavras, tanto nas escolas como em todos os distritos, precisamos de adultos que sejam altamente comprometidos com a implementação *tanto* da justiça restaurativa *quanto* da justiça racial.

É difícil para qualquer pessoa confrontar seus próprios preconceitos. Por isso é importante que o planejamento e a facilitação de cursos sobre preconceito racial implícito abordem a tendência que os educadores brancos têm de se sentirem acusados de racismo, o que gera atitudes defensivas e fechamento. Cursos eficazes permitem que os participantes permaneçam abertos ao reconhecimento, à exploração e, em última instância, a desaprender seus próprios preconceitos. Profissionais brancos da justiça restaurativa, em Oakland e outros lugares, estão montando cursos sobre branquitude utilizando os princípios da justiça restaurativa para criar espaços de afinidade em que as pessoas consigam desenterrar e explorar seus próprios preconceitos, entre elas e com facilitadores treinados. Em espaços restaurativos onde existe afinidade com os demais, os participantes brancos têm menor tendência a se sentirem envergonhados e humilhados. E o peso de ensinar ou confortar pessoas brancas não recai sobre pessoas racializadas.

Ricardo Martinez, codiretor do Padres & Jóvenes Unidos de Denver, declarou que precisamos pressionar por mudanças não tanto no comportamento dos alunos, mas no comportamento dos adultos. A questão foi bem recebida: é equivocado propor apenas estratégias voltadas à juventude para corrigir as disparidades raciais. Também precisamos de intervenções que enfoquem o comportamento dos adultos, especialmente aqueles influenciados pelo preconceito racial implícito. Gostaria de acrescentar que também precisamos de intervenções que transformem sistemas e políticas que perpetuam hierarquias racializadas em instituições de ensino.

2. Desenvolver colaborações distrito-comunidade

Intervenções sistêmicas criam oportunidades para educadores e facilitadores de justiça restaurativa escolar cooperarem com grupos comunitários, como Padres & Jóvenes Unidos e Restorative Justice for Oakland Youth. Essas colaborações não só enriquecem o currículo escolar sobre cultura e história, lançam programas piloto de justiça restaurativa, mas também pressionam por mudanças nas políticas públicas, como suporte para uma justiça restaurativa consciente da justiça racial e estratégias correlatas. Intervenções sistêmicas podem também envolver alianças com a juventude e ativistas comunitários para reivindicar legislações locais, estaduais e federais a fim de transformar as escolas segregadas, a qualidade desigual de professores e a disparidade nos padrões de financiamento escolar, assim como custear formação, supervisão e implementação de projetos de equidade e justiça restaurativa.

3. Desenvolver parcerias distrito-universidades

Outra estratégia eficaz para transformar a política de tolerância zero e interromper a rota escola-prisão racializada é estabelecer parcerias com universidades da região para desenvolver e monitorar dados, e conduzir pesquisas rigorosas sobre disciplina escolar e disparidades raciais. Um bom exemplo é a parceria envolvendo pesquisadores e profissionais do Departamento de Serviço Social da Universidade de Denver e a Secretaria de Aprendizado Sócio-Emocional do DPS. Os parceiros trabalham juntos, reunindo-se regularmente ao longo do ano escolar para coletar dados sobre disciplina escolar relacionados a raça e também para desenvolver formação, supervisão e intervenções relacionais a fim de reduzir a incidência de disciplina excludente e disparidades raciais. Os parceiros também monitoram o impacto dessas intervenções, modificando-as continuamente a fim de aumentar sua eficácia. Outros objetivos da parceria são: utilizar a pesquisa para qualificar políticas, programas e práticas e trabalhar com gestores de políticas e profissionais para identificar e implementar estratégias efetivas de prevenção e intervenção.

CONCLUSÃO

Ser guerreiro e curandeiro no contexto da prática da justiça restaurativa escolar significa atuar com grande consciência e atenção no tocante a nossos próprios preconceitos, implícitos ou explícitos, e aos fatores sistêmicos que perpetuam danos em nossas escolas. Alguns desses muitos fatores são disparidades de orçamento para escolas em comunidades racializadas, *tracking** e direcionamento para educação

* Prática de distribuir alunos em turmas de acordo com seu rendimento escolar anterior. [N.Ts.]

especial, a rota escola-prisão e desigualdades raciais na disciplina escolar. Esse ideal também implica criar culturas escolares de cuidado, conexão e cura.

5

Justiça restaurativa e transformação do encarceramento em massa

MPATAPO

O nó da reconciliação simboliza a pacificação após a discórdia. Depois do conflito, fizemos as pazes e estamos unidos numa reconciliação harmoniosa.

Praticamente desde o seu início, o sistema de justiça dos Estados Unidos tem sido usado para subjugar brutalmente pessoas negras e expropriá-las de sua força de trabalho. Este capítulo expõe a horrenda genealogia, em sua maior parte ocultada, da supremacia branca no sistema de justiça estadunidense. Ele também confronta a "vida após a morte" da escravidão, representada pelo encarceramento em massa; olha para a forma pela qual a justiça restaurativa e os ativistas contra a prisão estão respondendo a isso, e de que maneira essas respostas são complementares entre si. O capítulo estimula ativistas a continuarem buscando uma radical mudança e abolição sistêmica enquanto exploram formas não carcerárias de responder aos danos causados à comunidade. O presente capítulo instiga profissionais da justiça restaurativa a desenvolverem uma práxis de reparação dos danos relacionais que seja alimentada por uma visão ativa voltada para a transformação radical do sistema de justiça e das desigualdades raciais inerentes e herdadas.

RAÍZES DO SISTEMA PUNITIVO DOS ESTADOS UNIDOS

Nos Estados Unidos o encarceramento como forma de punição surgiu em 1790, quando o presídio de Walnut Street, na Filadélfia, que era uma unidade de detenção pré-julgamento foi convertida em penitenciária estadual. Até aquele momento, as pessoas acusadas eram presas apenas para aguardar o julgamento e a prolação da sentença. Ao invés do encarceramento, as sentenças impunham castigos públicos e corporais como o *stock**, açoites, queimaduras, ou ser enterrado vivo. Ironicamente, dado o contexto histórico, a penitenciária surgiu como uma reforma humanitária da era iluminista. Em teoria, a pessoa confinada na solidão de sua cela poderia rezar, confessar, buscar penitência e encontrar redenção. A experiência inicial dessa prática penal no presídio de Walnut Street levou à construção da Eastern State Pennsylvania's Penitentiary [Penitenciária Estadual do Leste da Pensilvânia], inaugurada em 1829, onde o sistema de solitária foi implementado em larga escala. A planta radial de estilo pan-óptico e o sistema de confinamento solitário da Penitenciária Estadual tornaram-se modelo de prisão em todo o mundo.[1]

---

* *Stock* era uma espécie de castigo em que as pessoas eram obrigadas a ficar sentadas por horas, dias ou semanas com os pés e mãos atados em um artefato de madeira, em local público. [N.Ts.]

Embora fosse inicialmente uma reforma para humanizar a punição, o propósito da prisão se transformou depois da Guerra Civil, quando as autoridades estaduais se apoderaram dela para capturar os corpos e o trabalho dos escravos recém-libertos. Antes da guerra, quando as pessoas escravizadas sofriam castigos torturantes infligidos por seus donos, 99% dos presos na penitenciária eram brancos. Isso se inverteu após a emancipação.

Em 1865, a Décima Terceira Emenda Constitucional tornou a escravidão ilegal, exceto para punir condenados. O escravismo dominara a economia do Sul. A emancipação a dizimou. Consequentemente, a legislação do Sul, assim como algumas leis do Norte, aproveitou a brecha da Emenda para adotar Códigos Negros (essencialmente reencarnações dos Códigos Escravagistas*), que criminalizaram a negritude e usurparam o sistema de justiça para empurrar os africanos de volta à neoescravidão através da prática do arrendamento de condenados. Os Códigos Negros definiram como crime (para os negros) comportamentos como caminhar ao lado de ferrovias, cuspir, beber, falar alto ou fazer gestos ofensivos diante de um homem branco. Ausência no trabalho ou impossibilidade de provar que o trabalho foi executado rotulava a pessoa como criminosa. Havia uma multa por vadiagem que, se o indivíduo não tivesse condições de pagar, poderia causar sua remoção a um campo de trabalho forçado para condenados. Os Códigos Negros geraram um fluxo constante de corpos que o Estado arrendava para industriais e

* No original, *Slave Codes*. Foram legislações promulgadas a partir do século XVII que restringiam o comportamento das pessoas escravizadas e garantiam a continuidade do escravismo. Diversas regiões dos EUA editaram códigos próprios, inclusive no norte do país. [N.Ts.]

latifundiários, produzindo enormes rendimentos, tanto públicos quanto privados. Cada temporada de colheita de algodão assistia a uma onda de prisões nos condados produtores de algodão. Essas ondas de prisão também ocorriam no período que antecedia as visitas de recrutamento realizadas por agentes de mineradoras ou madeireiras. Dezenas de milhares foram presos nessas varreduras. Muitos foram sequestrados ou presos por pequenos delitos tão depressa (depois da aprovação da Décima Terceira Emenda), que sequer chegaram a conhecer a liberdade.

Os homens detidos em tribunais e prisões locais eram arrendados para empreendimentos agrícolas, madeireiras, fábricas e ferrovias. Presos negros labutavam em antigos latifúndios, por vezes até trabalhando para seus ex senhores. O chicote, as algemas, as correntes e os guardas – emblemas da escravidão – foram as ferramentas escolhidas pela prisão. O arrendamento de condenados era ainda pior que a escravidão, algo inimaginável, dado tudo que os escravos tinham sofrido.[2]

Um terço dos presos em campos de trabalho eram meninos adolescentes – um prenúncio da dolorosa criminalização de crianças negras que vemos nos dias atuais. Membros de famílias negras viviam no terror de serem abduzidos, brutalizados e separados de seus entes queridos. Apesar de representar uma porcentagem pequena de todos os trabalhadores condenados, as mulheres não eram poupadas. Milhares foram capturadas, ficando sujeitas a abusos raciais e sexuais. Nos campos de trabalho, os guardas com frequência afogavam bebês recém-nascidos nos rios unicamente para que a força de trabalho de suas mães não diminuísse. Forçadas a trabalhos exaustivos, privadas de alimentos, torturadas, sexualmente violadas, acorrentadas e forçadas a viver na miséria, as pessoas negras sofriam com doenças e morriam aos milhares, sendo que taxa de letalidade em alguns campos chegava a 50%.[3]

Durante o tempo da escravidão, os africanos escravizados eram considerados bens móveis, propriedade pessoal, e os proprietários de escravos tinham interesse em proteger seu investimento – afinal, era caro comprar escravos. Mas sob o regime do arrendamento de condenados, os industriais e agricultores que lucraram no pós-guerra – e que eram responsáveis pela moradia, alimentação e cuidado dos negros presos – não tinham esse interesse. Logo, não gastavam quase nada com a manutenção dessa mão de obra. O trabalho negro era barato e fácil de ser substituído, e quando um operário morria, bastava ao empregador arrendar outro.

Próximo à virada do século, a National Association for de Advancement of Colored People (NAACP) [Associação Nacional para o Progresso das Pessoas Racializadas], o International Labor Defense Committee (ILD) [Comitê de Defesa Internacional do Trabalho] e outros ativistas e jornalistas divulgaram histórias dramáticas sobre os abusos e as condições deploráveis dos trabalhadores condenados, através de ações judiciais e relatos publicados na imprensa. Essas denúncias viraram a opinião pública contra o arrendamento de condenados, forçando os estados do Sul a gradualmente abolir essa prática.

PENA DE GALÉS E PEONAGEM POR DÍVIDA

Até a década de 1930 o arrendamento de condenados já era ilegal em todos os estados da América do Norte. No entanto, ele foi substituído por duas modalidades (não menos aterrorizantes): pena de galés* ou peonagem por dívida**. As galés, ou filas de pessoas acorrentadas pelos pés, foram originalmente adotadas nas colônias para transportar, controlar e aterrorizar escravos africanos. Autoridades prisionais se valeram da pena de galés após a Guerra Civil até o fim da Reconstrução para reescravizar negros livres, forçando-os, sob o chicote dos guardas, aos árduos trabalhos de quebrar pedras, remover terra, limpar o terreno para criar estradas e construir a infraestrutura do sul do país. A vasta maioria dos presos cumprindo pena de galés eram homens negros e a lei era manipulada pelas agências de segurança para forçar pessoas negras a irem para campos de galés. Elas eram acorrentadas e algemadas em grupos, dia e noite, e forçadas a trabalhar, comer e dormir juntas. As correntes e as algemas impunham aos presos feridas dolorosas e infecções perigosas. Muitos perderam suas vidas em razão de abusos e desnutrição.

Os negros no pós-guerra também foram capturados e forçados a trabalhar através da escravidão por dívida, ou peonagem por dívida, o que foi igualmente possível pela brecha existente na Décima Terceira Emenda Constitucional. Geralmente por meio de manipulações, o sistema de justiça criminal condenava e multava pessoas negras por violações

* No original, *chain gangs*. Era uma espécie de sanção penal adotada no sul dos Estados Unidos em que os presos eram acorrentados juntos dia e noite e forçados a trabalhar construindo rodovias, ferrovias ou em *plantations*. No Brasil havia punição semelhante. O Código do Império de 1830 inseriu a pena de galés em seu artigo 44, com a seguinte redação: "A pena de galés sujeitará os réus a andarem com calceta no pé, e corrente de ferro, juntos ou separados, e a empregarem-se nos trabalhos públicos da província, onde tiver sido cometido o delito, à disposição do governo". Devido às semelhanças entre as punições estadunidense e brasileira, escolhemos fazer a tradução do termo para o português. [N.Ts.]

** No original, *peonage*. Sistema de trabalho forçado em que a pessoa era obrigada a trabalhar para pagar sua dívida com o empregador, também chamado de escravidão por dívida. [N.Ts.]

semelhantes às do Código Negro. Quando elas não conseguiam realizar o pagamento, um agricultor ou um industrial intervinha pagando a multa, e a pessoa condenada era forçada a trabalhar gratuitamente para esse empresário até que o débito fosse saldado. Pessoas negras também foram forçadas à escravidão por dívida em virtude do arrendamento rural*, em que antigos senhores dos latifúndios permitiam que pessoas negras usassem sua terra em troca de uma parte das safras produzidas naquela porção de terra. As manipulações envolvendo a pena de galés, a escravidão por dívida e o arrendamento rural – junto com o uso de correntes, guardas, cães e terror – encurralaram trabalhadores negros em um ciclo contínuo de trabalho não remunerado.

ABOLIÇÃO DA ESCRAVIDÃO POR DÍVIDA

Em 1940, ativistas e o ILD organizaram o Abolish Peonage Committee [Comitê para Abolir a Escravidão por Dívida) e, com a ajuda da NAACP e de advogados, incluindo Thurgood Marshall, pressionaram o Ministério da Justiça a tomar medidas legais para acabar com a escravidão por dívida. Finalmente em 1941 o presidente Franklin Roosevelt tomou medidas executivas para aboli-la, reconhecendo que essas violações atrozes de direitos humanos poderiam comprometer o esforço de guerra, dando aos nazistas uma vantagem em termos de propaganda. Este capítulo abominável, ainda escondido, da história dos Estados Unidos, finalmente chegava ao fim.[4]

* No original, *sharecropping*. Era uma espécie de contrato agrário que os antigos senhores de escravos, que haviam perdido a mão de obra escravizada após a abolição, celebravam com negros e negras, especialmente os recém-libertos e que, portanto, não tinham terra própria. Neste arranjo, as famílias negras poderiam ocupar um pequeno espaço de terra desde que, ao final de cada a no, fosse entregue ao dono da terra parte da safra colhida.[N.Ts.]

No entanto, essas formas onipresentes de neoescravidão no pós-guerra determinaram de modo categórico a prática estadunidense persistente de usar o sistema de justiça como instrumento brutal de subordinação de pessoas negras. Também estabeleceram nessa nação a prática recorrente de associar negritude a criminalidade. Reverberações da criminalização da vida negra no pós-guerra continuam visíveis nos dias de hoje nas execuções extrajudiciais de pessoas negras, bem como nas denúncias incessantes de brancos que chamam a polícia para denunciar pessoas negras "suspeitas", sejam elas dois homens negros aguardando a chegada do parceiro de negócios no Starbucks ou uma estudante negra de graduação da Yale dormindo em uma área comum da universidade.

A NEOESCRAVIDÃO DO ENCARCERAMENTO EM MASSA

Os terrores da escravidão e do arrendamento de condenados sobreviveram com a escravidão por dívida, com a pena de galés e, depois, com o linchamento. Eles também continuaram vivos com as leis Jim Crow, com as leis que reforçavam a desigualdade e com a estrita segregação racial nos estados do Sul desde o final da Reconstrução até 1965. Mesmo depois que cada uma dessas práticas foi denunciada,[5] a violência que constituía seu cerne continuou a existir através do encarceramento em massa.

Os Estados Unidos têm a maior taxa de encarceramento do mundo. O país abriga cerca de 5% da população mundial, mas quase 25% de toda a população carcerária. Em 2016, havia 2,2 milhões de pessoas nas penitenciárias e cadeias do país – um aumento de 500% ao longo de quarenta anos, com um total de 6,7 milhões de pessoas sob supervisão correcional.[6] Essa expansão foi fomentada por mudanças nas políticas criminais, e não pelo aumento dos crimes. A guerra contra as drogas e o crime lançada por Richard Nixon no início da década de 1970 provocou o encarceramento em massa intencional a fim de inibir o movimento pela liberdade negra da década de 1960,[7] não muito diferente do terror do final da década de 1890, que dominou a fase da Reconstrução. Motores adicionais do encarceramento em massa incluem leis que preveem sentenças obrigatórias, desindustrialização e consequente desemprego, e o surgimento das prisões privadas, do lobby prisional e do poder desenfreado das promotorias.

A escravidão e as práticas que dela decorreram são as raízes históricas do sistema de justiça criminal dos EUA, visíveis hoje na enorme desproporcionalidade do número de pessoas racializadas encarceradas. Pessoas pretas e pardas representam 60% da população prisional nos EUA, apesar de serem 20% da população geral. Negros correm seis vezes mais risco de serem encarcerados do que brancos. Um em cada quatro homens negros está ou já esteve preso.[8] Apesar de os níveis de transgressões serem comparáveis, meninos negros são encarcerados de 20 a 24 vezes mais do que meninos brancos em alguns estados.[9] Nos Estados Unidos, negros e brancos vendem e usam drogas em níveis similares, mas negros têm quase três vezes mais risco de serem presos e cumprirem sentenças significativamente mais longas.[10]

O encarceramento tem consequências graves. Ficar aprisionado por um ano retira dois anos da expectativa de vida[11] e reduz o salário anual em 40%[12]. Mais de seis milhões de pessoas que estão ou já foram encarceradas são legalmente discriminadas no emprego, no acesso à moradia, à educação e a benefícios públicos, bem como privadas do direito ao voto. A privação de direitos, que pode variar entre a sua perda permanente e a sua restauração após o cumprimento da pena,[13] atinge os negros a uma taxa ao menos quatro vezes maior do que os não negros em situação equivalente.

Meninas e mulheres racializadas* representam o segmento da população encarcerada que mais cresce. Mulheres negras, que formam 13% da população feminina dos EUA, representam 30% das mulheres encarceradas. A maior parte delas sofreu ataques físicos e sexuais nas mãos do Estado e a maioria tem filhos menores de idade.[14] Assim como na escravidão, o impacto mais devastador do encarceramento em massa é sofrido pelas famílias. Crianças negras têm seis vezes mais risco do que crianças brancas de terem ou terem tido os pais presos. Crianças com pais presos têm pior desempenho numa série de indicadores educacionais, de saúde e sociais se comparadas a crianças cujos pais não foram encarcerados. Elas têm mais chances de desenvolverem dificuldades de aprendizagem, de receberem notas mais baixas e de serem empurradas para fora da escola. Também é mais provável que elas não tenham onde morar e enfrentem depressão, ansiedade e perturbação de estresse pós-traumático, bem como doenças crônicas quando adultos, se comparadas àquelas cujos pais não foram ou não estão presos. O encarceramento parental agrava a pobreza familiar, e o crescimento na pobreza provoca estresse tóxico e eleva o cortisol, o que interrompe atividades nas áreas do cérebro responsáveis pela regulação emocional e pela ansiedade. Os filhos dos encarcerados são, portanto, mais suscetíveis ao mau comportamento motivado por traumas. Isso resulta no aumento da probabilidade de serem suspensos, expulsos, ou presos na escola, sendo empurrados para a rota escola-prisão. O encarceramento juvenil é o indicador mais forte do encarceramento adulto. Isso implica em crianças presas numa dinâmica em

---

* No original,*girls and women of color*. (Ver nota p.10) [N.T.s]

cascata transgeracional na qual os efeitos negativos no âmbito da saúde, da economia e da educação se autoperpetuam.[15]

ATIVISMO CONTRA A PRISÃO E ABOLICIONISMO

Nas últimas duas décadas, ativistas têm resistido à onda do encarceramento em massa racializado e seus terríveis impactos, e os abolicionistas lideram o caminho. O movimento abolicionista é uma rede nacional informal de indivíduos e grupos que localizam as origens da prisão no escravismo e atuam para extinguir seu uso em razão deste contexto histórico. De acordo com os atuais abolicionistas, a nação estabeleceu que não há mais lugar para a escravidão, o arrendamento de condenados e a escravidão por dívida; os Estados Unidos já os aboliu. Portanto, eles argumentam que, sendo a prisão um descendente direto dessas instituições, ela também deveria se tornar obsoleta.

Esses abolicionistas, representantes da contínua resistência que teve início no século XIX com a abolição da escravidão, promovem uma crítica radical ao capitalismo racial. Capitalismo racial se refere a uma ordem socioeconômica na qual todas as instituições sociais estão indissociavelmente ligadas ao tráfico de escravos e ao escravismo, ao confisco de terras indígenas, ao genocídio e à colonização. Com base nos ensinamentos do icônico intelectual W. E. B. Du Bois, o Professor de Estudos Africanos e Afro-americanos de Harvard, Walter Johnson, argumenta:

> Não houve capitalismo sem escravidão, a história de Manchester nunca existiu sem a história de Mississipi. A história do capitalismo, é preciso enfatizar, é a história dos salários e, ainda, a dos chicotes, das fábricas e dos latifúndios, tanto da branquitude quanto da negritude, da "liberdade" e também da escravidão.[16]

Nos dias de hoje, o capitalismo racial se vale das prisões para gerenciar populações marginalizadas, especialmente as pessoas racializadas. As políticas neoliberais das últimas décadas transferiram enorme quantidade de riqueza das famílias da classe trabalhadora e da classe média para os 1% mais ricos, através do corte de impostos, da desregulação e da redução de programas sociais. Essas políticas destroem as redes de seguridade social[17] e deixam milhões de pessoas na condição de desemprego, pobreza, doença e desprovidos de moradia, criando "populações excedentes". O encarceramento é então implementado para conter e gerenciar essas populações e os problemas criados pelo fracasso do capitalismo racial em lidar com os males sociais.

Além disso, o encarceramento continua a ser usado hoje – assim como ocorria antigamente no arrendamento de condenados, na escravidão por dívida e na pena de galés – para extorquir o trabalho dos presos. Os presos são rotineiramente usados como fonte de trabalho barato, praticamente gratuito. Por exemplo, no momento em que escrevo estas linhas, milhares de presos estão sendo usados para combater incêndios florestais que assolam a Califórnia. Para realizar esse trabalho de valor incalculável, no qual arriscam suas vidas, eles recebem US$1,00 por hora.

Revoltados com essas condições, ativistas contra a prisão vêm se organizando com sucesso para deter a construção de novas prisões e fechar antigas. Por exemplo, a Justice for D.C. Youth [Justiça para a Juventude de D.C.] convenceu a Câmara Municipal a fechar um estabelecimento correcional juvenil em 2009. A No New San Francisco Jail Coalition [Coalizão por Nenhuma Nova Prisão em São Francisco] interrompeu a construção de um presídio, enquanto ativistas de Seattle convenceram a Câmara Municipal a declarar a intenção de acabar com o encarceramento juvenil em 2015. Na última década, 15 estados fecharam prisões e 26 diminuíram o número de pessoas aprisionadas.[18] Em 2016, a taxa de *encarceramento* dos Estados Unidos caiu para seu menor nível em vinte anos. Abolicionistas e ativistas contra a prisão também trabalham para acabar com a discriminação dos egressos, incluindo a defesa da lei chamada Ban the Box. Esta lei exige que empregadores removam dos formulários de contratação a caixa de seleção na qual se pergunta aos candidatos sobre seus antecedentes criminais. Além disso, 29 estados adotaram legislações que reduzem a severidade das políticas de condenação obrigatória.[19]

É importante destacar que o ativismo contra a prisão também conquistou uma mudança de narrativa. Uma pesquisa feita em 2017 pela ACLU – American Civil Liberties Union; [União Americana pelas Liberdades Civis] – mostrou que 71% dos estadunidenses acreditam que o encarceramento é contraproducente para a segurança pública.[20] Em 2015, 130 comissários de polícia e promotores pediram o fim do encarceramento em massa.[21] Taxas de encarceramento reduzidas, fechamento de prisões, ganhos legislativos e mudança de narrativa são todos, ao meu ver, fruto das últimas três décadas de ativismo contra a prisão e do abolicionismo, o que não é muito diferente da maneira pela qual amplos avanços sociais foram conquistados através do movimento pelos direitos civis nos anos 1960.

Em complemento a essas vitórias políticas, ativistas contra a prisão e abolicionistas, em particular das gerações mais novas, estão começando a ir além do abolicionismo negativo voltado para a destruição das prisões. Eles estão ampliando a visão para imaginar e construir uma nova justiça não carcerária. O trabalho de Mariame Kaba, em Chicago, é um exemplo disso. Colocando-se na interseção do abolicionismo, do Black Lives Matter e da justiça restaurativa e transformativa, Kaba é facilitadora em processos de responsabilização comunitários em organizações de justiça racial, atuando com frequência em casos de violência sexual. Tão importante quanto desmantelar a instituição da prisão, diz ela, é desmantelar as formas punitivas e carcerárias com as quais continuamente respondemos ao mal em nossas próprias vidas. Os mesmos sistemas que trabalhamos para desmantelar vivem dentro e fora de nós. Ao desenvolver formas não punitivas de responder aos danos comunitários, o trabalho de Kaba prenuncia uma nova justiça e um conjunto de relações sociais que não se baseia no estado carcerário. Kaba explica:

> A líder abolicionista Ruthie Gilmore diz que o abolicionismo é tanto sobre presença quanto sobre ausência. A ideia de ausência diz respeito ao desaparecimento do complexo industrial prisional. A ideia de presença significa estar presente como alguém a quem as pessoas podem recorrer quando um dano ocorre, de forma que não seja necessário recorrer ao Estado. Ambos são projetos abolicionistas.[22]

JUSTIÇA RESTAURATIVA E ENCARCERAMENTO EM MASSA

O movimento de justiça restaurativa oferece mais do que um serviço social; ele tem o potencial de engendrar uma nova justiça que transforma tanto as relações quanto as estruturas sociais. Três programas de conferências de justiça restaurativa exemplificam esta visão da justiça restaurativa que repara os danos individuais e sociais[23] e interrompe o encarceramento excessivo da juventude racializada*, mitigando, dessa forma, uma série de impactos negativos de longo prazo.

Restorative Responses [Respostas Restaurativas], de Baltimore, foi o primeiro programa de justiça restaurativa expressamente projetado para criar uma rota alternativa** ao encarceramento para a juventude racializada acusada de prática de atos ilícitos. Restorative Responses oferece conferências restaurativas para jovens no sistema de justiça, nas escolas e nas comunidades, sendo uma abordagem expansiva que permite intervenções holísticas e preventivas para proteger crianças do encarceramento. Segundo o balanço realizado, aqueles que passaram pelo programa reincidem 60% menos do que aqueles que passam pelo sistema de justiça.

O objetivo expresso do Restorative Community Conferencing [Conferências Restaurativas Comunitárias], um programa do Community Works West (CWW), situado em Oakland, é reduzir taxas desproporcionais de encarceramento de jovens afro-americanos e latinos. O CWW entra no caso antes que o promotor ofereça a denúncia, e os jovens que cumprem seus planos restaurativos de forma integral conseguem contornar o sistema de justiça, não deixando qualquer registro de envolvimento com o sistema. Restorative Community Conferencing oferece uma rota alternativa para cerca de cem jovens por ano, afastando-os do encarceramento.

* No original, *youth of color*. (Ver nota p. 10) [N.T.s]

** Criar uma rota alternativa remete ao termo *"diversion"* do inglês. Trata-se de uma política criminal utilizada sobretudo na justiça juvenil estadunidense que apresenta alternativas diversas às do modelo tradicional, com o objetivo de evitar a intervenção punitiva, por meio de mecanismos informais de resolução de conflitos. O termo *"diversion"* não apresenta uma tradução exata na língua portuguesa, mas pode ser entendido como desvio, rota alternativa etc. [N.T.s]

Common Justice [Justiça Comum], situado no Brooklyn e no Bronx, em Nova York, oferece serviços de atendimento primário a vítimas e um programa de alternativas ao encarceramento para jovens adultos acusados de delitos violentos. O Common Justice rompe com o estereótipo de que vítimas são brancas e ofensores são negros, priorizando o serviço às vítimas que são jovens racializados. Muito embora este grupo possua estatisticamente maior risco de ser vítima de crimes, é menos propenso a receber esse tipo de atendimento. Além disso, os jovens responsáveis por condutas danosas que completarem com sucesso seu processo e plano restaurativos não cumprem pena nem de detenção e nem de reclusão. Ao atender às necessidades e obrigações tanto da vítima quanto do ofensor, o Common Justice mitiga os impactos do encarceramento e os custos sociais traumáticos que advêm da recusa discriminatória em prestar serviços às vítimas quando estas são jovens negros. Common Justice busca equidade e cura para todos, sendo movida pela mudança da nossa cultura que desvaloriza a dor vivida por homens jovens e pelas suas comunidades.

Embora os programas que buscam dar fim ao encarceramento dos jovens tenham valor inestimável, a verdadeira transformação sistêmica também requer uma estratégia paralela de organização para institucionalizar a justiça restaurativa (bem como outras abordagens não carcerárias de base comunitária) dentro dos sistemas de justiça. Tal estratégia produziria tanto mudanças sistêmicas quanto mudanças no âmbito das relações, aprimorando, assim, os impactos antirracistas e o poder transformador do trabalho dos profissionais da justiça restaurativa e dos ativistas contra a prisão. Sem estes esforços de aprimoramento, os profissionais de justiça restaurativa tratarão de sintomas e não das causas, e o complexo industrial-prisional permanecerá intacto. Além disso, nos colocamos na posição eticamente duvidosa de considerar alguns jovens merecedores de alternativas à prisão e outros não. A *"restorganization"** [organização restaurativa] da RJOY para institucionalizar a justiça restaurativa nas escolas é um exemplo dessa estratégia paralela. Após três anos de *advocacy***, organização juvenil e implementação de um programa piloto de justiça restaurativa no modelo para a escola inteira***, a Secretaria de Educação Municipal passou a adotar a justiça restaurativa como política oficial de disciplina e de cultura escolar, fornecendo financiamento integral para contratação de funcionários de modo a apoiar a nova abordagem.

INTEGRANDO ATIVISMO E JUSTIÇA RESTAURATIVA

O guerreiro e o curandeiro se unem na dupla estratégia descrita acima que permite a alternativa restaurativa ao

* *Restorganization* é um termo que une as palavras inglesas *restaurative* [restaurativa] e *organization* [organização] e transmite a ideia da autora de que a atuação política organizada (e institucional) deve necessariamente ter uma orientação restaurativa para que a realidade possa ser transformada. [N.T.s]

** *Advocacy* é um termo que se refere à atuação de um indivíduo, grupo ou organização para pressionar o sistema político e promover a formulação de políticas – econômicas, educacionais, culturais etc. – que atendem aos seus interesses. São táticas variadas que podem incluir a produção de estudos, a utilização dos meios de comunicação, campanhas publicitárias, *lobby* etc. Trata-se de um termo que vem se popularizando no Brasil e por isso optamos por mantê-lo no original. [N.T.s]

*** *Whole-school* ou "para a escola inteira" é uma abordagem que leva a justiça restaurativa para todos os âmbitos da comunidade escolar. Visa implementar os valores e metodologias da Justiça Restaurativa em todos os níveis: para alunos, professores, funcionários, direção e toda a comunidade em que a escola está inserida. Para mais detalhes, ver a obra *Disciplina Restaurativa para Escolas* de Judy M. Mullet e Lorraine Stutzman Amstutz. *São Paulo:* Palas Athena Editora, 2012, p. 99. [N.Ts.]

mesmo tempo que promove mudança sistêmica. Eles se encontram na *restorganization*. Para os ativistas contra a prisão, o foco exclusivo na mudança sistêmica seria contraproducente. Vitórias políticas, por si só, não afetarão as transformações intra e interpessoais necessárias. Nós precisamos de estratégias de cura, e não apenas estratégias políticas. Ao mesmo tempo, danos raciais são tão historicamente enraizados, estruturados e normalizados que simplesmente não podemos realizar trabalhos de cura relevantes se continuarmos sequestrados pelas dimensões interpessoais. Curar a nós mesmos e nossos relacionamentos é essencial, mas não é suficiente.

Transformemos também histórias e sistemas que foram criados precisamente para perpetuar danos. Erradicar o racismo sistêmico requer uma perspectiva que seja sistêmica e que compreenda profundamente a genealogia do sistema de justiça criminal e sua relação com a supremacia branca. Expor e confrontar essas verdades dolorosas, assumindo a responsabilidade pessoal por elas requer a análise radical e a coragem do guerreiro.

Kaba nos lembra que devemos ainda fazer o trabalho árduo e emocionalmente desafiador de transformar a nós mesmos e nossos relacionamentos, para não corrermos o risco de reproduzir as práticas racistas e retributivas das instituições que buscamos mudar ou abolir. Esta transformação pessoal e relacional exige uma abordagem restaurativa que visa curar traumas, bem como requer empatia por parte do curador. A justiça restaurativa e as organizações de justiça racial/social podem unir forças para alcançar o duplo objetivo de cura interpessoal e mudança sistêmica.

6

Rumo a um reconhecimento racial: imaginando um processo de verdade para tratar a violência policial

SESA WORUBAN

Contemple o brilho do sol da transformação e de um novo começo.

Maya Angelou proclamou que "a história, apesar de sua dor dilacerante, não pode voltar para trás, mas, se encarada com coragem, não precisa ser vivida novamente".[1] Mesmo tendo abolido a escravidão, nos Estados Unidos o terror racial continua a nos assombrar. Estamos presos na dor da história, vivendo-a repetidamente. Até que nos envolvamos em um processo coletivo para enfrentar e transformar esta dor, iremos revivê-la perpetuamente.

Hoje, uma manifestação crucial do terror racial é a violência letal da polícia contra afro-americanos. Múltiplos atores têm reivindicado uma comissão nacional da verdade e da reconciliação (CVR) para confrontar e acabar com essa epidemia.[2] Alguns sugerem seguir o modelo das CVR da África do Sul, mas poucos chegaram a refletir se esta estratégia seria efetiva no contexto dos EUA e, em caso positivo, como deveria ser implementada. Aplicando princípios da justiça restaurativa e sintetizando aprendizados de modelos combinados de CVRs, este capítulo apresenta requisitos para um processo de verdade que aborde a violência policial contra afro-americanos.

VIOLÊNCIA POLICIAL

Ao longo da história as polícias têm sido sancionadoras muito evidentes da supremacia branca, que subjugam de maneira brutal as comunidades negras. Vemos isso nas patrulhas para captura de escravizados fugidos, no sistema de arrendamento de condenados e nas detenções do período da escravidão por dívida, nos linchamentos com conivência policial durante a Reconstrução, nas leis Jim Crow, no período do movimento pelos direitos civis e, por fim, na atual criminalização da negritude e nos incontáveis assassinatos de pessoas negras. Ao longo dessa história, policiais têm sido membros ativos de organizações de terror racial. Entregaram vítimas negras a multidões brancas e não têm protegido pessoas racializadas do terror racial.[3] Pesquisas recentes apontam que jovens negros têm 21 vezes mais risco de serem mortos pela polícia do que jovens brancos.

A onda de assassinatos cometidos pela polícia nos EUA, divulgados internacionalmente durante 2014 e 2015, gerou o histórico movimento Black Lives Matter, liderado por jovens, e que desencadeou um debate público sem precedentes sobre raça, bem como protestos públicos pelo fim da violência policial contra pessoas negras desarmadas: Michael Brown (Ferguson), Eric Garner (Staten Island), John Crawford III (Dayton), Tamir Rice (Cleveland), Tony Terrell Robinson (Madison), Walter Scott (North Charleston), Freddie Gray (Baltimore), Tenisha Anderson (Cleveland), Sandra Bland (Waller County, Texas), Samuel DuBose (Cincinnati) e inúmeras outras pessoas desde então. Na esteira de cada assassinato, a nação expressa choque, furor e uma enorme manifestação de luto. Invariavelmente, há também protestos para levar os agentes responsáveis à justiça, por meio do processo penal. Depositamos nossas esperanças no sistema de justiça criminal, sabendo que o sistema raramente indicia policiais e, ainda mais raramente, os condena. Além disso, mesmo que bem-sucedidas, acusações que focam em indivíduos não irão deter a pandemia de violência, porque o problema é sistêmico. Nosso sistema de justiça, punitivo e racializado ao extremo, perpetra danos massivos. Isso revitimiza impiedosamente as famílias que perderam seus entes queridos para a violência policial. Se o sistema de justiça, como o conhecemos, não pode lidar de modo adequado com a epidemia de assassinatos cometidos pela polícia, existe alguma justiça que consiga fazê-lo? Na minha visão, os processos de verdade são a nossa melhor esperança.

O MODELO DAS COMISSÕES DA VERDADE E DA RECONCILIAÇÃO[4]

As primeiras comissões de verdade, em meados dos anos 1970, eram órgãos não judiciais, voltados para o estabelecimento dos fatos, que buscavam descobrir verdades enterradas sobre massivas violações de direitos humanos no passado e no presente, especialmente na África e na América Latina. Quatro CVRs se destacam enquanto modelos que podem contribuir para a construção de processos de verdade nos EUA: África do Sul, Canadá, Greensboro e as Comissões Maine-Wabanaki.

Comissão da Verdade e da Reconciliação da África do Sul - CVRAS (Truth and Reconciliation Comission)

A largamente reconhecida e com frequência replicada Comissão da Verdade e da Reconciliação da África do Sul (CVRAS), de 1994, foi formada pelo novo governo sul-africano após o início de um amplo diálogo público acerca do melhor caminho a ser seguido após o fim do apartheid. Esse modelo destacava a necessidade de romper com o silenciamento de verdades como também de promover a reconciliação. O mandato da comissão era investigar violações de direitos humanos entre 1960 e 1994 e criar espaços públicos em que as vozes das vítimas do apartheid fossem elevadas, ouvidas e validadas. A comissão também recomendou reparações para as vítimas do apartheid e analisou pedidos de anistia de seus perpetradores. As experiências da CVRAS foram inéditas e revelaram-se históricas.

A CVRAS também teve suas limitações. O processo favoreceu uma abordagem individualizada, centrou-se em vítimas específicas e seus perpetradores (que estavam solicitando anistia), e na sua reconciliação interpessoal, dando menos atenção ao papel das estruturas governamentais do apartheid. O governo não implementou reparações significativas. O processo equiparou, de maneira equivocada, as violações cometidas pelo movimento de libertação e aquelas perpetradas pelo regime do apartheid. Vítimas que narraram e reviveram seus traumas receberam suporte inadequado. No entanto, apesar das críticas, a CVRAS foi aclamada internacionalmente por promover o espírito de perdão que permitiu ao país fazer uma transição relativamente pacífica ao sair do apartheid.

Embora haja muito a se aprender com as inovações da CVR da África do Sul, tomá-la como um modelo a ser implementado nos Estados Unidos é um exagero e seria desconsiderar importantes diferenças entre os contextos de ambos os países. Além das preocupações com as limitações citadas acima, a CVRAS foi uma comissão vertical, um processo de governo, e a África do Sul era uma nação em transição para a democracia ocidental pós-apartheid. Isto sugere que a CVRAS não é o melhor modelo para os Estados Unidos. Talvez comissões em contextos mais semelhantes à sociedade norte-americana ofereçam melhor inspiração.

Comissão da Verdade e da Reconciliação do Canadá

A Comissão da Verdade e da Reconciliação do Canadá (CVRC), de 2008, foi a primeira comissão instituída por um governo, e estabelecida em um país que não passava por uma transição política. Como a CVRAS, ela foi criada por um processo vertical, como parte de um acordo de 2 bilhões de dólares canadenses em uma ação civil pública para reparar massivas violações de direitos humanos contra crianças indígenas. Ao longo de um período de cem anos, crianças indígenas foram removidas à força de suas casas e enviadas às Indians Residential Schools [Escolas Residenciais para Índios], onde eram punidas por honrar seus idiomas e tradições e submetidas a incessantes violências físicas, emocionais e sexuais. Embora oriunda de um litígio, a comissão implantou estratégias de base, como: incursões a trezentas comunidades para reunir provas a partir de 6.500 testemunhos; criação de um conselho consultivo dos anciãos para orientação; e parcerias com organizações lideradas pelos povos originários.

Indo além dos danos interpessoais, o relatório final da CVRC recomendou uma mudança sistêmica para reparar preconceitos anti-indígenas e desigualdades no sistema de assistência social para crianças e outras instituições no Canadá. O primeiro-ministro Stephen Harper realizou um pedido formal de desculpas.

Comissão da Verdade e da Reconciliação de Greensboro

Mais próxima ainda foi a Comissão da Verdade e da Reconciliação de Greensboro (CVRG), da Carolina do Norte, em 2004. Enquanto primeira comissão dos EUA, ela foi formada em resposta aos eventos de 1979, quando integrantes da Ku Klux Klan e nazistas abriram fogo contra manifestantes, com cumplicidade policial, matando cinco e ferindo dez pessoas. Uma série de júris compostos apenas por pessoas brancas exoneraram os policiais com uma pequena exceção.[5]

Duas décadas após o massacre e processos judiciais fracassados, a comunidade de Greensboro permanecia dividida. Apesar de as autoridades locais terem se negado a instituir o processo de verdade, membros da comunidade formaram uma comissão de base comunitária que uniu sobreviventes, policiais e ex-membros da Ku Klux Klan e de grupos nazistas para testemunharem em público. O relatório final convocou à cura comunitária, por meio de reformas institucionais, desculpas oficiais, formação antirracista para as polícias, memoriais e exposições museológicas, além da criação de um centro comunitário de justiça e de um conselho de revisão da polícia. A prefeitura rejeitou as recomendações, o que demonstra que CVRs de base comunitária necessitam da participação de gestores de políticas públicas com vontade política de implementar reformas institucionais.[6]

Comissão da Verdade e da Reconciliação Maine--Wabanaki

Talvez a Comissão da Verdade e da Reconciliação Maine--Wabanaki (CVRMW) possa melhor lançar luz sobre as possibilidades de uma comissão da verdade e da reconciliação estadunidense, a primeira envolvendo nações indígenas e o governo estadual. Em 2012, cinco chefes do povo wabanaki e o governador do estado de Maine acordaram em criar a CVRMW para reparar violações de direitos humanos provenientes da política de apropriação forçada de crianças indígenas pelo sistema estadual de assistência social infantil. A CVRMW submeteu tal sistema de Maine à uma análise, abordando tanto danos sistêmicos quanto interpessoais.

Embora formada pela atuação comunitária de base, a CVRMW também contou com a cooperação de agentes governamentais. Wabanaki REACH, a organização comunitária parceira da comissão, conceituou e estabeleceu a CVRMW, e teve um papel instrumental em sua realização. Eles conectaram a CVRMW a comunidades e pessoas que desejavam testemunhar. Conduziram cerimônias e apoiaram a cura de traumas comunitários. A CVRMW também realizou formações sobre a história das relações entre povos indígenas e não indígenas e orientou sobre o bem-estar das crianças indígenas.

O relatório final recomendou um grande número de reformas sistêmicas, incluindo reformas no sistema de assistência social infantil estadual, a criação de tribunais dos povos indígenas e serviços de acolhimento indígenas. A comissão também recomendou a reforma e expansão da autonomia soberana do povo wabanaki e a equalização e descolonização das relações com o governo estadual. Além disso, propuseram a mudança dos currículos escolares para contar a verdade sobre o genocídio cultural, em conjunto com um aumento das atividades culturais, de formação e educativas.

Esses quatro exemplos demonstram que, ao longo do tempo e em diferentes continentes, as CVRs evoluíram para enfatizar reconciliação *e* verdade, com orientações verticalizadas *e* horizontalizadas, e transformações sistêmicas *e* interpessoais. Elas foram adotadas em democracias estabelecidas e em países em transição. Por vezes, estes ampliaram a narrativa nacional sobre questões raciais, ao incluir vozes historicamente silenciadas. Nesse sentido, oferecem orientação para a visualização de um processo de verdade nos EUA, em resposta à violência policial.

RUMO A UM PROCESSO DE VERDADE PARA ABORDAR A VIOLÊNCIA POLICIAL

O processo de verdade é um importante passo em uma longa e árdua jornada para chegar ao fim dos assassinatos de afro-americanos provocados pela polícia. Precisamos de um modelo formulado por nós, que seja informado, mas não definido por modelos provenientes de outros contextos. Não existe um roteiro, mas existem sinalizações para guiar a criação de um processo de verdade estadunidense. Essas sinalizações consistem nos princípios restaurativos de subsidiariedade e da natureza relacional do processo em conjunto com princípios holísticos.

Natureza relacional do processo

Em consonância com o princípio da justiça restaurativa, de fazer justiça *com* as pessoas e não *para* as pessoas, é importante que a construção de um processo de verdade provenha de uma metodologia de planejamento inclusivo e participativo com foco nas pessoas impactadas. Além disso, a justiça restaurativa é relacional, pois as conexões humanas são o ponto de partida para se pensar sobre o que é necessário para se fazer justiça. A liberdade não pode ser encontrada na separação, mas na comunhão de uns com os outros. Portanto, um processo de verdade não seria "simplesmente justiça para as vítimas ou comunidades", mas justiça para todos: vítimas, comunidade e ofensores.[7]

Subsidiariedade

O princípio da subsidiariedade estabelece que aqueles impactados diretamente por uma ofensa deveriam recobrar o poder de tomada de decisão sobre suas vidas. Essas decisões deveriam ser tomadas no nível mais básico, e não por uma autoridade central. A subsidiariedade, portanto, requer a criação intencional de processos de verdade e de reconciliação que sejam descentralizados, criados de baixo para cima, participativos e radicalmente democráticos. De acordo com um postulado central da teoria crítica de raça,[8] esses processos subsidiários deveriam concentrar-se em vozes marginalizadas, dar destaque a contranarrativas e revelar verdades que foram historicamente silenciadas. A subsidiariedade fortaleceria a apropriação pela comunidade[9] de um processo de verdade nos EUA que abordasse a violência policial.

Para os EUA, proponho um modelo híbrido, semelhante ao da CVR de Maine-Wabanaki, em que organizações de base comunitária, com histórico de trabalho com sobreviventes da violência policial, conceitualizem, iniciem e implementem processos de verdade. Essa organização poderia formar a conexão com as comunidades impactadas e as testemunhas, oferecer serviços de apoio e cura de traumas culturalmente específicos para testemunhas que falem em público, e facilitar círculos e cerimônias culturais de cura. Além disso, ao invés de um único processo nacional centralizado, diversas comissões poderiam funcionar de modo simultâneo e autônomo em múltiplas jurisdições pelo país.

Esses pontos focais poderiam rastrear geograficamente delegacias de polícia já engajadas em ações de reparação e reconciliação entre polícia e comunidade e se articular com o trabalho delas. Digno de nota é o trabalho do Delegado Lou Dekmar de LaGrange, no estado da Geórgia, e também presidente da Associação Internacional de Delegados de Polícia. Em 2017, Dekmar pediu desculpas formais a uma congregação de uma igreja local pelo papel que a delegacia da cidade teve no histórico linchamento de Austin Calloway, rapaz de 16 anos, falsamente acusado de ter atacado uma mulher branca. Ele afirmou:

> Eu lamento sinceramente e denuncio o papel que nossa Delegacia de Polícia teve no linchamento de Austin, tanto por ação quanto por omissão. Sinto muitíssimo. Isso nunca poderia ter acontecido.[10]

O Delegado Dekmar é um dos vários agentes policiais do país que colaboram com a David Kennedy's National Initiative for Building Community Trust and Justice [Iniciativa Nacional David Kennedy pela Construção da Confiança e da Justiça na Comunidade]. Alguns deles, ou todos, poderão participar no processo de verdade vislumbrado aqui.[11]

Os pontos focais criariam espaços públicos seguros para jovens, famílias, vizinhos, testemunhas e outros sobreviventes compartilharem suas histórias. Esses espaços também serviriam como locais para encontros dialogais entre representantes da polícia e familiares que perderam seus entes queridos para a violência policial, onde pessoas que sofreram danos pudessem dar seu testemunho em público e os responsáveis pudessem assumir ativamente a responsabilidade de reparar os danos. Tive a honra de presenciar esse tipo de esforço de relato da verdade e reparação entre delegados de polícia e familiares que perderam seus entes queridos em linchamentos e violência policial. Foi em um encontro de 2018 promovido pela National Network for Safe Communities and Civil Rights [Rede Nacional por Comunidades Seguras e Direitos Civis] e o Restorative Justice Project [Projeto Justiça Restaurativa]. Profundamente comovida pelo diálogo, imaginei que deve ter sido assim durante o processo para a verdade da África do Sul. Encontros dialógicos deste tipo, replicados em cinco a sete pontos focais pelo país, poderiam constituir a infraestrutura do processo de verdade.

Um centro nacional poderia atender os pontos focais conectando-os e disseminando descobertas. O centro também ofereceria assistência técnica, ajuda para estabelecer padrões de treinamento e prática, fornecendo ainda outros recursos.

Como aprendemos com a experiência da CVR de Greensboro, o sucesso da implementação das recomendações requer a adesao e a participação de atores governamentais. No entanto, devem ser tomadas medidas para mitigar riscos de cooptação e garantir autonomia política. Isto pode significar, inclusive, recusar financiamento do governo e assegurar-se de que a comissão não será composta na sua maioria por atores governamentais.

ABORDAGENS HOLÍSTICAS

Abordar danos de modo holístico requer atenção em reconhecer e restaurar a dimensão não apenas relacional, mas também estrutural do dano. Relações sociais *e* estruturas sociais saudáveis são os objetivos. Na verdade, a normalização da supremacia branca, instituída por meio do racismo individual, institucional e estrutural, é tão totalizante que quaisquer esforços para o seu desenraizamento precisam ser multidimensionais e abrangentes. Um processo de verdade estadunidense não pode basear-se em uma abordagem centralizada e hierárquica conduzida por supostos especialistas – é preciso arregaçar as mangas e fazer o trabalho por nós mesmos, na base. Isso significa trabalhar holisticamente e simultaneamente nos níveis intrapessoal, intragrupal, intergrupal e sistêmico. Nesse tipo de trabalho em múltiplos níveis, os processos circulares são adequados à maioria dos níveis, mas não a todos.

O trabalho intrapessoal, em cada ponto focal, desenvolveria habilidades para reconhecer e interromper as formas pelas quais pessoas brancas, inclusive policiais, pessoalmente perpetuam o racismo institucional e estrutural. Isso pode implicar desenvolver práticas individuais de conscientização mente-corpo, como meditação ou yoga, para aprimorar a capacidade de identificar e interromper respostas racistas internas no momento em que elas surgirem. Participantes dos pontos focais poderiam também entrar em contato com a crescente produção de trabalhos no campo de estudos da branquitude, para buscar estratégias de desconstrução de preconceitos através de estudos individuais ou em círculos.

No nível intragrupal, os pontos focais poderiam realizar trabalhos coletivos sobre a branquitude, como nos círculos de estudo sobre branquitude acima mencionados, e sobre opressão internalizada, envolvendo círculos para pessoas racializadas. Por outro lado, policiais e membros brancos da comunidade poderiam participar de formações interativas sobre preconceito racial implícito, conduzidas idealmente em círculos restaurativos. Showing Up for Racial Justice [Engajando-se na Justiça Racial], Coming to the Table [Sentando à Mesa de Negociações], e profissionais de justiça restaurativa da Restorative Justice for Oakland Youth [Justiça Restaurativa para a Juventude de Oakland] oferecem excelente formação e recursos para este nível.

No nível intergrupal e sistêmico, os pontos focais poderiam promover encontros facilitados, utilizando círculos ou processos de conferência, que envolvam representantes do sistema de segurança pública, famílias que perderam entes queridos para a violência policial e membros das comunidades afetados para que, juntos, se engajem na construção da verdade, identificando danos, necessidades e obrigações, e desenvolvendo de modo colaborativo estratégias de ação coletivas. Esse é um círculo que opera nos níveis intergrupal e sistêmico simultaneamente. Os pontos focais também poderiam oferecer processos circulares no nível intergrupal envolvendo membros da comunidade que são brancos e outros que são não brancos para estabelecerem diálogos raciais cruzados.

Teatro, dança, música e outras artes podem ter um papel central nessa abordagem holística que opere no nível intergrupal, sobretudo formas de arte que sejam radicalmente inclusivas em termos de raça e outras identidades historicamente marginalizadas (por exemplo, em termos de idade, gênero, expressão de gênero e status formal de preso). Essa modalidade artística pode reunir de modo intencional duas ou mais comunidades polarizadas para que estabeleçam um diálogo e, em última instância, criem uma nova narrativa que promova mudanças em nível estrutural. *Antigone in Ferguson* [Antígona em Ferguson], peça aclamada pela crítica, é um exemplo disso. Bryan Doerries, autor e diretor, funde leituras dramatizadas de *Antígona* de Sófocles (uma antiga história sobre morte, aplicação da lei e desobediência civil) com a história contemporânea do assassinato de Michael Brown pela polícia. A peça conta com um coral ao vivo para catalisar as discussões poderosas e curativas sobre raça e justiça social, que acontecem pós-performance com a plateia. Deve-se notar que o coro diversificado de *Antigone in Ferguson* reúne policiais, ativistas, jovens, professores e outras pessoas de Ferguson e de outras cidades. A intenção de reunir no palco e na plateia comunidades diferentes entre si e, por vezes, polarizadas, tem por objetivo criar um espaço inclusivo para que as pessoas impactadas pela violência policial possam compartilhar suas histórias e se engajar em diálogos transformadores, incluindo os representantes do sistema de segurança pública.

RESULTADOS ESPERADOS

É impossível prever que recomendações de ações específicas emergiriam de um processo de verdade e reconciliação em resposta à violência policial. Se a história nos puder servir de guia, poderia resultar em:

- Pedido público de desculpas;
- Reparações e restituição àqueles que sofreram danos;
- Correção de dados históricos oficiais;
- Memoriais para os que se foram, incluindo monumentos, placas de homenagem, lápides e renomeação de ruas;
- Arte, poesia, filmes e peças teatrais que desenterrem verdades sobre violência racial, e
- Propostas para a desmilitarização das polícias e reinvestimento em soluções de base comunitária.

Também podem surgir reivindicações no sentido de usar práticas restaurativas e outras formas não punitivas para acabar com a violência e interromper a rota escola-prisão racializada e o encarceramento em massa. O processo pode também demandar a revisão de livros escolares e currículos de escolas públicas, para que contem a verdade, sob múltiplas perspectivas, sobre as práticas policiais supremacistas brancas e os movimentos que surgiram em resistência a elas. Poderiam surgir reivindicações por formação policial em práticas restaurativas e por policiamento comunitário, ou exigência de que os novos policiais contratados residam na comunidade.[12] Organizações como Showing Up for Racial Justice e Black Lives Matter oferecem outras possibilidades de alianças e ações por meio de suas atividades em educação política e ações diretas.

VERDADE E RECONCILIAÇÃO

Ativistas por justiça racial e social tendem a enfatizar o relato da verdade, momento em que criam espaços para sobreviventes da violência policial oferecerem seu testemunho público sobre as injustiças, e nos quais, geralmente, reagem demandando justiça punitiva. Por outro lado, profissionais da justiça restaurativa tendem a enfatizar a reconciliação. O processo de verdade e de reconciliação que vislumbro aqui se beneficiará muito da convergência entre o ativismo por justiça racial e a práxis da justiça restaurativa, cada um complementando e completando o outro. Para um processo eficaz, precisamos recorrer à sabedoria dos dois.

CONCLUSÃO

Frente ao imenso e variado terreno a ser percorrido na jornada rumo a um país mais racialmente reconciliado, nenhum processo isolado será suficiente. No entanto, um processo de verdade para abordar a violência policial contra afro-americanos é um primeiro passo crucial. Ele também poderia servir de protótipo para guiar futuros esforços de verdade nos Estados Unidos que abordassem epidemias como: violência sexual, xenofobia, transfobia, encarceramento em massa, desigualdade econômica e catástrofe climática. O processo de verdade relacional, radicalmente democrático e holístico que vislumbro, baseado nos princípios e nos processos da justiça restaurativa, abrirá o caminho que nos permitirá encarar a dor da história com coragem para que ela não precise ser vivida novamente.

7

Um caminho para avançar

ODO NNYEW FIE KWAN

O amor nunca perde o caminho de casa.

INTRODUÇÃO

Mesmo que não tenha havido um processo formal de verdade e reconciliação e que não haja um número significativo de programas de justiça restaurativa atentos à questão racial, os estadunidenses estão, aparentemente de forma espontânea, falando a verdade sobre supremacia branca, escravidão, linchamento e violência policial como nunca antes na história. Esse desenvolvimento fenomenal sinaliza o momento certo para o surgimento de iniciativas que encarem, assumam responsabilidade e transformem as histórias dolorosas da questão racial.

Comecei este livro compartilhando minha jornada pessoal em direção à justiça racial e restaurativa, para me tornar uma guerreira e uma curandeira. Termino retomando o fio da minha jornada de vida para refletir sobre o modo como minha noção de justiça evoluiu juntamente com meu desenvolvimento enquanto guerreira-curandeira. Concluo incentivando os profissionais de justiça restaurativa e os ativistas a viverem na confluência entre cura e ativismo.

ENCARANDO E REPARANDO A DOR DA HISTÓRIA

É animador que os estadunidenses estejam agora fazendo esforços para confrontar a dor da nossa história nacional. Uma infinidade de esforços nunca antes vistos (ainda que apartados) de estabelecimento da verdade, de reconciliação, de reparações e de memorialização têm borbulhado em todo o país desde o surgimento do movimento Black Lives Matter em 2014.

Diversos exemplos incluem:

- O trabalho do Civil Rights and Restorative Justice Project [Projeto de Direitos Civis e Justiça Restaurativa] de revelar e também buscar pedidos públicos de desculpas e reparação por casos arquivados de envolvimento de agentes de segurança em linchamentos e outros terrores raciais no sul do país durante a era dos direitos civis;
- O trabalho de memorialização e de estabelecimento da verdade da Equal Justice Initiative [Iniciativa por Justiça Equitativa], através dos relatórios sobre os linchamentos e a escravidão, do projeto envolvendo a colocação de placas em homenagem às vítimas de linchamento, assim como a inauguração de museus pioneiros de última geração sobre escravidão e linchamento em 2018;

- O trabalho do Slave Dwelling Project [Projeto Moradias Escravas] de preservar as moradias de escravos que ainda existem e promover o debate público sobre as moradias, as rebeliões de escravos, as comunidades quilombolas e a "ferrovia subterrânea";
- A criação de fundos de reparação em Chicago e em Charlottesville;
- O fato de que pessoas brancas, em número cada vez maior (incluindo membros de organizações nacionais tais como a Showing Up for Racial Justice e a Coming to the Table), vêm desenterrando histórias familiares de cumplicidade com a escravidão e o linchamento. Elas também estão publicando e ensinando sobre branquitude, bem como identificando e transformando as formas em que pessoalmente perpetuam os racismos institucional e estrutural, além de se engajarem no diálogo de cura racial e ações coletivas antirracistas;
- O movimento de remoção dos memoriais dos confederados, abrangendo 31 cidades, sendo que 110 memoriais foram removidos a partir de junho de 2018;
- A inauguração feita pela Smithsonian Institution do National Museum of African American History and Culture [Museu Nacional da História e Cultura Afro-americana] em 2016 com a exposição sobre escravidão como peça central;
- O Truth-Telling Project [Projeto de Relato da Verdade] e o Fellowship of Reconciliation [Irmandade da Reconciliação] de Ferguson com campanhas envolvendo o estabelecimento da verdade e reparação, e simpósios de reparação que ocorreram inclusive na Universidade de Harvard;

- Os esforços de âmbito nacional que abrangem o relato da verdade, pedidos públicos de desculpas, reconciliação e memorialização em casos envolvendo agentes de segurança e familiares das vítimas de linchamento e de violência policial, organizado pelo Civil Rights and Restorative Justice Project [Projeto Direitos Civis e Justiça Restaurativa] e pela National Network for Safe Communities [Rede Nacional para Comunidades Seguras];
- O lançamento pela W.K. Kellogg Foundation em 2016 do projeto nacional Truth, Racial Healing & Transformation [Verdade, Cura Racial e Transformação].

O incremento do discurso público sobre a verdade a respeito dos danos sistêmicos contra os negros também inclui reverberações na cultura popular. Os protestos de Colin Kaepernick na NFL – National Football League [Liga Nacional de Futebol Americano] e o show de Beyoncé no Super Bowl* de 2016, inspirado nos Panteras Negras, agitaram o mundo dos esportes. No front das artes e da cultura, a performance de Kendrick Lamar com o tema do encarceramento em massa na premiação do Grammy em 2016, junto com a série *Black-ish* e os filmes *Get Out* [*Corra!*], *Blindspotting* [*Ponto Cego*], *Sorry to Bother You* [Desculpe te Incomodar] e *BlacKkKlansman* [Infiltrado na Klan], traz para dentro de nossas salas de estar diálogos sobre o terror racial autorizado pelo Estado.

* Jogo que define o campeão da Liga Nacional de Futebol Americano dos Estados Unidos [N.R.]

As universidades também observam uma ascensão semelhante e sem precedentes quanto ao estabelecimento da verdade. Instituições como a Universidade de Harvard, a Universidade de Georgetown, a Universidade Brown, a Universidade de Virginia e cerca de cinquenta outras integram a rede em rápido crescimento das Universities Studying Slavery [Universidades Estudando a Escravidão]. Elas pesquisam e relatam a verdade sobre sua cumplicidade com a escravidão e o tráfico de escravos, realizando pedidos de desculpas, reparações e esforços de memorialização.

Até mesmo a linguagem de raça está mudando. Desde o nascimento da nossa nação, o termo "supremacia branca" foi sempre empurrado para as margens dos discursos dominantes. Atualmente, no entanto, o termo tem se normalizado, aparecendo em revistas científicas, nos livros, em redes sociais e na mídia impressa e eletrônica. Isso sinaliza que a negação da nossa biografia coletiva está dando lugar à verdade. De modo similar, a palavra "reparação" foi marginalizada, e até mesmo demonizada quando se aplicava às reivindicações do povo negro. Isso também está se transformando em razão das mudanças radicais nas relações raciais provocadas pelo Black Lives Matter e pelo artigo "The Case for Reparations" [Em defesa das reparações], de Ta-Nehisi Coates publicado em 2014 na revista *The Atlantic*.[1]

Indicação clara de que o solo está preparado para plantar as sementes dos relatos sobre a verdade, das justiças restaurativa e racial e da cura, esse desenvolvimento fenomenal oferece esperança contra o cenário de desolação da era Trump, que presenciou o típico aumento de grupos de ódio racial e o incremento da violência de ódio.

A EVOLUÇÃO DAS MINHAS IDEIAS SOBRE JUSTIÇA

Ao longo de minha vida inteira de busca enquanto guerreira-curandeira, minhas ideias sobre justiça têm evoluído e se expandido continuamente. Tendo crescido no extremo sul do país, justiça significava para mim libertar meu povo da discriminação jurídica e do jugo das leis Jim Crow. Quando fui para o Norte e vivenciei a discriminação racial *de facto*, justiça passou a significar conseguir igualdade para todo o meu povo, de norte a sul. Quando me mudei para a Califórnia para cursar a universidade, tomei consciência da opressão das pessoas racializadas e o meu senso de justiça se expandiu e passou a abranger também a libertação para todas pessoas racializadas, subjugadas pelo colonialismo e o neocolonialismo. Mais tarde, aprendi sobre a opressão de gênero e, então, justiça passou a ser também a liberdade em relação aos sistemas do heteropatriarcado. Continuando a jornada, tomei consciência da exploração de classe, e a ideia de justiça se ampliou para incluir a emancipação dos trabalhadores explorados pelo capitalismo. Quando viajei para a África para viver e aprender com curandeiros indígenas, vim a entender que o imperativo histórico de nosso tempo não é exclusivamente mudar o rosto, o gênero ou a classe daqueles no poder. Se quisermos avançar para um futuro melhor, precisamos, no mínimo, reimaginar o significado da relação recíproca entre seres humanos, com a Terra e seus habitantes.

Hoje, acredito que não haja nada mais subversivo do que ajudar a parir uma nova mudança evolutiva da espécie humana para uma era em que não seremos mais fascinados por formações socioeconômicas e modos de viver e pensar que produzem desconexão, dominação e devastação. Ao invés disso, poderemos estar presentes na Terra de maneira a gerar cura, plenitude e um sentido do sagrado em nossas conexões uns com os outros e com toda a criação. Aprender sobre justiça restaurativa e seu *ethos* indígena me ajudou a integrar todas essas ideias em evolução em uma noção de justiça ainda mais ampla, que produza espaços radicalmente inclusivos, descentralizados e democráticos, que ofereçam a possibilidade de reconhecer, assumir responsabilidades e reparar danos, tanto interpessoais quanto estruturais. Meu sonho é que a justiça restaurativa, enquanto visão de mundo inspirada pelos saberes indígenas e como meio de mudança holística (nos níveis intrapessoal, interpessoal, intragrupal, intergrupal e sistêmico) possa nos ajudar a mudar de uma ética da separação, dominação e individualismo extremo para uma ética da colaboração, parceria e inter-relação. Nesse sentido, eu diria que esta visão integral da justiça restaurativa é potencialmente mais subversiva do que as visões de qualquer dos movimentos sociais nos quais estive envolvida desde os anos 1950.

O futuro da justiça restaurativa, da justiça social e de toda a nação depende de como corrigiremos as desigualdades raciais. Não podemos ser verdadeiros conosco, como pessoas que buscam curar danos, se praticamos justiça restaurativa ignorando a questão racial e fechando os olhos para danos sistêmicos onipresentes que perduram até hoje. Enquanto guerreiros por justiça, nunca seremos eficazes se também não trabalharmos por – e aspirarmos viver pessoalmente – abordagens de cura. Estamos diante de perguntas desafiadoras:

- Como as pessoas brancas podem se conscientizar de seus preconceitos raciais implícitos e ganhar habilidade para interromper as formas variadas pelas quais elas, como profissionais ou ativistas, possam estar encarnando e perpetuando legados da escravidão?

- Como desenvolveremos maior habilidade para identificar e reparar danos históricos que possam estar ressoando nos processos restaurativos que facilitamos diariamente, ou nas campanhas de justiça racial e social em que atuamos?
- Como podemos, enquanto profissionais da justiça restaurativa e ativistas de justiça racial, ganhar maior habilidade para conceber, implementar e avaliar abordagens de justiça restaurativa e de organização restaurativa criadas para erradicar desigualdades raciais nas instituições sociais?

A forma como tratarmos essas questões centrais irá determinar nossa efetividade enquanto profissionais de justiça restaurativa e ativistas, assim como, em última instância, o futuro de ambos os movimentos.

Nós, profissionais atuantes nos EUA, estamos sendo chamados a reimaginar o modo como entendemos e praticamos a justiça restaurativa. Para profissionais brancos, especialmente, isto significa desenvolver e aperfeiçoar habilidades para identificar e abordar danos históricos e sistêmicos, navegar pelas diferenças raciais e facilitar encontros restaurativos envolvendo participantes racialmente diferentes ou conflitos raciais.

Tanto profissionais quanto ativistas, especialmente aqueles que são brancos, precisam de formação permanente e oportunidades de desenvolvimento profissional que incluam módulos sobre: como desaprender o racismo; branquitude; a história do sistema de justiça estadunidense na escravidão; e supremacia branca. Ambos os grupos podem recorrer à crescente e extraordinária produção do campo em ascensão dos estudos críticos sobre branquitude, que analisa a branquitude no contexto do racismo individual, institucional e estrutural e oferece múltiplas estratégias antirracistas práticas.[2] Ambos os grupos podem recorrer às descobertas da neurociência e práticas no crescente campo dos estudos sobre trauma, especialmente aqueles de nós que trabalham em comunidades e escolas de pessoas historicamente traumatizadas.

Imaginemos como a conscientização sobre a cura de danos sistêmicos contra membros de grupos historicamente marginalizados pode estimular e penetrar *todo* o nosso trabalho restaurativo. Consideremos como podemos criar várias maneiras pelas quais cada processo restaurativo que facilitamos ou participamos possa incluir o relato da verdade e promover cura de danos históricos.

Em última análise, convido todos nós a imaginarmos como – por meio de relações profundamente transformadas resultantes da reeducação, do diálogo transracial e restaurativo e da colaboração mútua entre profissionais de justiça restaurativa racialmente conscientes com profissionais de justiça racial com consciência curativa – podemos desenvolver a capacidade de agir coletivamente para transformar pessoas, instituições, estruturas e sistemas de poder. *Podemos* construir um novo futuro juntos e *podemos* criar uma nação que não seja mais racialmente fragmentada.

Desafie a si mesmo a ser um curandeiro e também um ativista por justiça. Não sinta que precisa escolher um ou outro. Seja os dois. Veja o ativismo como uma forma de cura social, e a cura interpessoal como uma forma de justiça social. Transforme e cure a si mesmo enquanto você transforma e cura o mundo. Seja a mudança que você quer ver. A história nos convoca a sermos guerreiros e curandeiros, como foram Rolihlahla Nelson Mandela e Grace Lee Boggs, como Ericka Huggins é; e como os International Indigenous Youth

Councils [Conselhos Internacional da Juventude Indígena] de Standing Rock são. Respondamos à convocação da história.

Curandeiros e guerreiros não são opostos, são complementares. Ao superar essa dualidade, não temos que abraçar um e rejeitar o outro. Podemos ter os dois como algo uno. Um único indivíduo pode encarnar os dois princípios: do guerreiro e do curandeiro. A colaboração também pode dar vida a esse princípio, por exemplo, quando profissionais de justiça restaurativa e ativistas se engajam em organização restaurativa para acabar com o encarceramento da juventude e interromper a rota escola-prisão. Em qualquer situação, que possamos nos posicionar na confluência entre cura e ativismo, cultivando e praticando a ampla consciência e práxis de ambos.

NOTAS

Capítulo 1 – A jornada em direção à justiça racial e à justiça restaurativa

1. Os Soledad Brothers eram três afro-americanos ativistas que foram presos – George Jackson, Fleeta Drumgo e John Clutchette – e enfrentaram acusações politicamente motivadas pelo homicídio de um agente penitenciário em 1970. Um comitê de defesa foi formado para arrecadar fundos e fazer uma campanha pela liberdade deles. Depois do julgamento em 1972, foram absolvidos de todas as acusações. (Jonathan Jackson, que empunhava armas registradas no nome de Angela Davis quando da ocupação do tribunal do Condado de Marin e que levou Angela à lista dos dez foragidos mais procurados do FBI, era o irmão mais novo de George Jackson.)
2. PRANIS, K. (2006). "Restorative Values", in G. Johnstone and D.W. Van Ness (eds.), *Handbook of Restorative Justice*. Cullompton, Devon, UK: Willan Publishing.

Capítulo 2 – Ubuntu: o ethos indígena da justiça restaurativa

1. O uso da expressão "cosmovisão africana" ou "visão afrocentrada" não quer sugerir que o continente da África seja monocultural ou homogêneo; na realidade, sua diversidade de expressões culturais parece ilimitada. Além disso, as culturas diversas da África foram impactadas pelas influências externas do colonialismo. Ainda assim, certos princípios e valores fundamentais

– tais como *ubuntu*, igualitarismo, comunalismo, equilíbrio social, família extensa e reverência ancestral – sobreviveram ao longo do tempo e de diversas culturas.

2. Elechi, O. (2005). "African Indigenous Justice System." In Richard A. Wright and J. Mitchell Miller (eds.), *Encyclopedia of Criminology* (p. 18-22). New York: Taylor & Francis.
3. Shutte, A. (1993). *Philosophy for Africa*. Rondebosch, South Africa: UCT Press.
4. Elechi, O. (2005). "African Indigenous Justice System", in Richard A. Wright e J. Mitchell Miller (eds.), *Encyclopedia of Criminology* (p. 18-22). New York: Taylor & Francis.
5. Zehr, H. (2005). *Changing Lenses: A New Focus for Crime and Justice*. Scottdale, PA: Herald Press, p.268-269. [*Trocando as Lentes: Justiça Restaurativa para o nosso tempo*. São Paulo: Palas Athena Editora, 2008, p. 135 e ss.]
6. Embora honrar as raizes indígenas marque uma mudança perceptível no movimento da JR, alguns povos originários hoje negam parentesco com a justiça restaurativa, muitas vezes expressando preocupação de que a justiça restaurativa (estritamente interpretada como um programa ou serviço social) não possui qualquer semelhança com os costumes indígenas autênticos.
7. Comunicação pessoal, 2004.
8. Comunicação pessoal, 2018.
9. Axiologia se refere aos valores; cosmologia às histórias sobre a criação que codificam visões de mundo; epistemologia às formas de saber; e ontologia, aos modos de ser.
10. Colorado, A. (1996). "Indigenous Science: Dr. Pamela Colorado Talks to Jane Carroll." *ReVision* 18(3): 6-10.
11. Thomas Hobbes, considerado o fundador da filosofia política moderna, declarou que onde não há governo, leis e poder comum para restringir a natureza humana, a vida no estado de natureza é "sórdida, brutal e curta".

12. Elechi, O., S. V. C. Morris, e E. J. Schauer (February 16, 2010). "Restoring Justice (Ubuntu): An African Perspective". *International Criminal Justice Review*, p. 77. Disponível em: http://journals.sagepub.com/doi/pdf/10.1177/1057567710361719 [Acesso: 25 jul 2022].
13. "[A] taxa de encarceramento da [...] Nigéria, Libéria, Gâmbia, Mali e África do Sul é de 26, 29, 32, 33 e 334, respectivamente, por 100.000 habitantes. Compare isso com a taxa de encarceramento de outros países, como os Estados Unidos da América: 760; Federação Russa: 626; Reino Unido: 152; Canadá: 116; e Japão: 63 por 100.000 habitantes". International Centre for Prison Studies at the School of Law, King's College London, 2009.

Capítulo 3 – Integrando justiça racial e justiça restaurativa

1. Lawrence, K., e T. Keleher (2004). "Structural Racism". [Racismo Estrutural] The Race and Public Policy Conference, Aspen, Colorado. Disponível em: https://www.intergroupresources.com/rc/Definitions%20of%20Racism.pdf [Acesso: 31 jul. 2022].
2. 1.747 crimes de ódio foram registrados, um aumento de 25,9% em relação ao mesmo período em 2015, quando 1.388 crimes de ódio foram registrados. Barrouquere, B. (November 13, 2017). "FBI: Hate Crimes Reach 5-year High in 2016, Jumped as Trump Rolled toward Presidency." Southern Poverty Law Center. Disponível em: https://www.splcenter.org/hatewatch/2017/11/13/fbi-hate-crimes-reach-5-year-high-2016-jumped-trump-rolled-toward-presidency-0 [Acesso: 31 jul. 2022].
3. Hall, A. V., E. V. Hall, e J. L. Perry (2016). "Black and Blue: Exploring Racial Bias and Law Enforcement in the Killings of Unarmed Black Male Civilians" [versão eletrônica]. Disponível em: Cornell University, SHA (http://scholarship.sha.cornell.edu/articles/887 [Acesso: 31 jul. 2022]).

4. Payne, K., e L. Niemi. "How to Think about 'Implicit Bias'". (March 27, 2018). *Scientific American*. Disponível em: https://www.scientificamerican.com/article/how-to-think-about-implicit-bias/ [Acesso: 31 jul. 2022].
5. Smith R., e J. Levinson. (2012). "The Impact of Implicit Racial Bias on the Exercise of Prosecutorial Discretion". *Seattle University Law Review*, 35(3).
6. Johnson, T. (December 26, 2014). "Black-on-Black Racism: The Hazards of Implicit Bias". *The Atlantic*. Disponível em: https://www.theatlantic.com/politics/archive/2014/12/black-on-black-racism-the-hazards-of-implicit-bias/384028/ [Acesso: 31 jul. 2022].
7. Nas tradições hindu, budista e jainista, *ahimsa* é o princípio da não violência em relação a todos os seres.
8. Um termo em sânscrito cunhado por Mahatma Gandhi em conexão com a resistência não violenta, *satyagraha* é traduzido como a "firme manutenção da verdade".
9. Os capítulos 4 a 6 discutem as desigualdades em detalhes, como o fato de as pessoas negras terem seis vezes mais risco de serem encarceradas do que as brancas, e nove vezes mais risco de ter um de seus pais encarcerados. Jovens negros têm dez vezes mais risco de serem vítimas de homicídio. Latinos e negros são 30% da população, mas 60% dos presos do país. Hall, A. V., E. V. Hall, e J. L. Perry. "Black and Blue: Exploring Racial Bias and Law Enforcement in the Killings of Unarmed Black Male Civilians" (2016). Cornell University, SHA (http://scholarship.sha.cornell.edu/articles/887 [Acesso: 31 jul. 2022]); Kerby, S. (March 13, 2012) "The Top 10 Most Startling Facts about People of Color and Criminal Justice in the United States. A Look at the Racial Disparities Inherent in Our Nation's Criminal-Justice System". Center for American Progress. Disponível em: https://www.americanprogress.org/article/the-top-10-most-startling-facts-about-people-of-color-and-criminal-justice-in-the-united-states/ [Acesso: 31 jul. 2022].

10. Black Lives Matter (s.d). Disponível em: https://uca.edu/training/files/2020/09/black-Lives-Matter-Handout.pdf [Acesso: 31 jul 2022].
11. Reconstrução é o período que se seguiu ao fim da Guerra Civil norte-americana, até 1877, durante o qual o governo federal controlou os antigos estados confederados para facilitar a reconstrução do Sul e para assegurar que aos afro-americanos recém-emancipados fossem conferidas plena liberdade, cidadania e igualdade. Realizações democráticas sem precedentes ocorreram durante esse período, muitas vezes referido como a era mais democrática na história do país. Nessa época, por exemplo, os negros conquistaram o direito ao voto e muitos negros ocuparam cargos de poder eleitos por negros. Além disso, os governos da Reconstrução investiram na infraestrutura pública, estenderam o voto aos brancos sem terra, estabeleceram a educação pública no Sul para todos e fundaram instituições de caridade para apoiar e cuidar de todos os cidadãos.

Capítulo 4 – Raça, justiça restaurativa e escolas

1. Losen, D. J., e T. E. Martinez (2013). "Out of School & Off Track: The Overuse of Suspensions in American Middle and High Schools." The Center for Civil Rights Remedies at The Civil Rights Project/Proyecto Derechos Civiles, University of California, Los Angeles. Disponível em: https://files.eric.ed.gov/fulltext/ED541735.pdf [Acesso: 1º ago 2022].
2. Ibid.
3. Majerowicz, A. (June 1, 2016). "School Suspensions Cost Taxpayers Billions." The Civil Rights Project/Proyecto Derechos Civiles, University of California, Los Angeles. Disponível em: https://www.civilrightsproject.ucla.edu/news/press-releases/featured-research-2016/school-suspensions-cost-taxpayers-billions/ [Acesso: 1º ago 2022].

4. Resmovits, J. (June 6, 2016). "Black Preschool Kids Get Suspended Much More Frequently than White Preschool Kids, U.S. Survey Says." *Los Angeles Times*. Disponível em: https://www.latimes.com/local/education/la-na-suspension-rates-preschool-crdc-20160606-snap-story.html [Acesso: 1º ago 2022].
5. Emihovich, C. A. (1983). "The Color of Misbehaving: Two Case Studies of Deviant Boys." *Journal of Black Studies*, 13(3): 259–74.
6. Na esteira do protesto público e da organização política da comunidade, os distritos escolares de Los Angeles, São Francisco e Oakland proibiram suspensões por desafio de autoridade, enquanto o legislativo estadual da Califórnia proibiu suspensões por desafio de autoridade para alunos da educação infantil e dos primeiros anos do ensino fundamental em todo o estado.
7. Morris, M. (2014). "Race, Gender and the School-to-Prison Pipeline: Expanding Our Discussion to Include Black Girls." African American Policy Forum. Disponível em: http://schottfoundation.org/resources/race-gender-and-school-prison-pipeline-expanding-our-discussion-include-black-girls [Acesso: 1º ago 2022].
8. Education Week (2017). "Policing America's Schools: An Education Week Analysis." Disponível em: https://www.edweek.org/which-students-are-arrested-most-in-school-u-s-data-by-school#/overview [Acesso: 1º ago 2022].
9. Martin, M. (Entrevistador), e Stoughton, S. (Entrevistado) (July 9, 2016). "Looking at How Police Are Trained." *NPR, All Things Considered* [transcrição de entrevista]. Disponível em: https://www.npr.org/2016/07/09/485388430/looking-at-how-police-are-trained [Acesso: 1º ago 2022].
10. "Police in Schools Are Not the Answer to School Shootings" (2018). Disponível em: https://dignityinschools.org/resources/police-in-schools-are-not-the-answer-to-school-shootings/ [Acesso: 1º ago 2022].

11. Gregory, A., D. Cornell, e X. Fan (2011). "The Relationship of School Structure and Support to Suspension Rates for Black and White High School Students." *American Educational Research Journal*.
12. Para uma história inicial mais detalhada da justiça restaurativa nas escolas, ver: Evans, K., e D. Vaandering. *Justiça restaurativa na Educação*. São Paulo: Palas Athena Editora, 2018; Fronius, T., S. Guckenburg, N. Hurley, H. Persson, e A. Petrosino (2016) *Restorative Justice in U.S. Schools: A Research Review*. San Francisco, CA: WestEd Justice & Prevention Research Center.
13. Gonzalez, T. (2012). "Keeping Kids in Schools: Restorative Justice, Punitive Discipline, and the School to Prison Pipeline." *Journal of Law and Education*, 41(2): 281–335; ver Schiff, M. (2018). "Can Restorative Justice Disrupt the 'School-to-Prison Pipeline'?" *Contemporary Justice Review*.
14. Lewis, S. (2009). *Improving School Climate: Findings from Schools Implementing Restorative Practices*. Bethlehem, PA: International Institute for Restorative Practices; Mirsky, L. (20 de maio de 2003). "SaferSanerSchools: Transforming School Culture with Restorative Practices." Restorative Practices Eforum.; e Sumner, D.,C. Silverman, e M. Frampton (2010). "School-Based Restorative Justice as an Alternative to Zero-Tolerance policies: Lessons from West Oakland." Berkeley: University of California, Berkeley, School of Law.
15. Jain, S., H. Bassey, M. Brown, e P. Kalra (2014). "Restorative Justice Implementation and Impacts in Oakland Schools" (elaborado para o Office of Civil Rights, US Department of Education [Secretaria de Direitos Civis, Ministério da Educação dos EUA]). Oakland, CA: Oakland Unified School District, Data in Action.
16. Gonzalez, T. (2012). "Keeping Kids in Schools: Restorative Justice, Punitive Discipline, and the School to Prison Pipeline." *Journal of Law and Education*, 41(2), 281–335.; Jain, S., H. Bassey, M. Brown,

e P. Kalra (2014). "Restorative Justice Implementation and Impacts in Oakland Schools" (elaborado para o Office of Civil Rights, US Department of Education). Oakland, CA: Oakland Unified School District, Data in Action; e Gregory, A., K. Clawson, A. Davis, e J. Gerewitz (2014). "The Promise of Restorative Practices to Transform Teacher-Student Relationships and Achieve Equity in School Discipline." *Journal of Educational & Psychological Consultation* [Special issue: *Restorative Justice*].

17. Sumner, D., C. Silverman, e M. Frampton (2010). "School-Based Restorative Justice as an Alternative to Zero-Tolerance Policies: Lessons from West Oakland." Berkeley: University of California, Berkeley, School of Law.
18. Dados acessados em comunicação pessoal com Jean Wing, Diretora Executiva de Pesquisa, Avaliação e Dados, Oakland Unified School District, 7 de setembro de 2017.
19. Gonzalez, T. (2012). "Keeping Kids in School: Restorative Justice, Punitive Discipline, and the School to Prison Pipeline." Journal of Law and Education, 41(2). Disponível em: https://www.restorativeresources.org/uploads/5/6/1/4/56143033/thalia_gonzalez_school_to_prison_pipeline.pdf [Acesso: 1º ago 2022].
20. Gregory, A., D. Cornell, e X. Fan (2011). "The Relationship of School Structure and Support to Suspension Rates for Black and White High School Students." American Educational Research Journal.
21. Anyon, Y., e B. Downing (May 2017). "An Exploration of the Relationships between Student Racial Background and the School Sub-contexts of Office Discipline Referrals: A Critical Race Theory Analysis." *Race Ethnicity and Education* 21, no. 3(2018): 390-406.

Capítulo 5 – Justiça restaurativa e transformação do encarceramento em massa

1. Kahan, P. (2008). *Eastern State Penitentiary: A History*. Charleston, SC: The History Press; Eastern State Penitentiary: Timeline (2018). Disponível em: https://www.easternstate.org/research/history-eastern-state/timeline [Acesso: 1º ago 2022].
2. Por exemplo, pessoas escravizadas que tentavam escapar eram mutiladas, espancadas nuas até que parte da carne caísse, e tinham seus corpos encharcados com óleo, pendurados em árvores e incendiados. Ainda que já tivesse sido abolida a escravidão, essas práticas macabras sobreviveram nos linchamentos. No fim do século XIX, tais práticas se acentuaram para que a supremacia branca fosse reestabelecida. Ela se viu ameaçada após a eleição em número significativo de legisladores negros pelos negros recém-emancipados, dando início ao período da Reconstrução, que embora de curta duração, foi a era mais democrática do governo dos EUA de todos os tempos.
3. "Exploiting Black Labor after the Abolition of Slavery" (February 6, 2017). Disponível em: http://theconversation.com/exploiting-black-labor-after-the-abolition-of-slavery-72482 [Acesso: 1º ago 2022].
4. A pena de galés só se tornou ilegal depois de 1955, e as autoridades das agências de segurança trouxeram-na de volta para o Alabama e o Arizona em meados dos anos 1990.
5. Apesar da lei Jim Crow ter sido legalmente abolida, projetos de lei antilinchamento não conseguiram ser aprovados pelo legislativo dos Estados Unidos ao longo de duzentos anos.
6. The Sentencing Project (2018). "Fact Sheet: Trends in U.S. Corrections".
7. Baum, D. (April 2016). "Legalize It All. How to Win the War on Drugs." *Harper's*. Disponível em: https://harpers.org/archive/2016/04/legalize-it-all/ [Acesso: 1º ago 2022].

8. Day, E. (February 2, 2018). "The Race Gap in US Prisons Is Glaring, and Poverty is Making it Worse." *Mother Jones*. Disponível em: https://www.motherjones.com/crime-justice/2018/02/the-race--gap-in-u-s-prisons-is-glaring-and-poverty-is-making-it-worse/ [Acesso: 1º ago 2022].
9. Hamilton, L. (October 20, 2016). "Liz Ryan Is on a Mission to Close Youth Prisons." The Annie E. Casey Foundation.
10. Schanzenbach, D., R. Nunn, L. Bauer, A. Breitwieser, M. Mumford, e G. Nantz (October 2016). "Twelve Facts about Incarceration and Prisoner Reentry." The Hamilton Project. Brookings. Disponível em: https://www.brookings.edu/research/twelve-facts-about-incarceration-and-prisoner-reentry/ [Acesso: 1º ago 2022].
11. Wildra, E. (June 26, 2017). "Incarceration Shortens Life Expectancy." Prison Policy Initiative. Disponível em: https://www.prisonpolicy.org/blog/2017/06/26/life_expectancy/ [Acesso: 1º ago 2022].
12. The Pew Charitable Trusts (2010). "Collateral costs: Incarceration's Effect on Economic Mobility." Disponível em: https://www.pewtrusts.org/~/media/legacy/uploadedfiles/pcs_assets/2010/collateralcosts1pdf.pdf [Acesso: 1º ago 2022].
13. Brown, T., e E. Patterson (June 28, 2016). "Wounds from Incarceration that Never Heal." The New Republic. Disponível em: https://newrepublic.com/article/134712/wounds-incarceration-never-heal [Acesso: 1º ago 2022].
14. "Facts about Over-incarceration of Women in the United States" (2018) American Civil Liberties Union. Disponível em: https://www.aclu.org/other/facts-about-over-incarceration-women-united-states [Acesso: 1º ago 2022].
15 Barnet, E., R. Perry, V. Azzi, R. Shetgiri, G. Ryan, R. Dudovitz, B. Zima, e P. Chung (July 2015). "Incarcerated Youth's Perspectives on Protective Factors and Risk Factors for Juvenile Offending:

A Qualitative Analysis." *American Journal of Public Health*. Disponível em: https://www.ncbi.nlm.nih.gov/pmc/articles/PMC4463382/ [Acesso: 1º ago 2022].

16. Johnson, W., e R. Kelley (2018). "Race Capitalism Justice." *Boston Review Forum* 1 Cambridge, MA, 21-22.
17. Nos últimos anos, a parcela da receita que os 1% mais ricos detêm se aproximou ou ultrapassou os recordes históricos. "The Unequal States of America: Income Inequality in the United States." Economic Policy Institute website, Disponível em: https://www.epi.org/multimedia/unequal-states-of-america/ [Acesso: 1º ago 2022].
18. Lawrence, A. (2013). "Shrinking Prisons: January 2013." National Conference of State Legislature Magazine. Disponível em: https://www.ncsl.org/research/civil-and-criminal-justice/shrinking-prisons.aspx#4 [Acesso: 1º ago 2022].
19. Subramanian, R., e R. Delaney (February 2014). "Playbook for Change? States Reconsider Mandatory Sentences." Vera Institute of Justice. Disponível em: https://www.prisonpolicy.org/scans/vera/mandatory-sentences-policy-report-v2b.pdf [Acesso: 1º ago 2022].
20. "91 Percent of Americans Support Criminal Justice Reform" (November 16, 2017). American Civil Liberties Union. Disponível em. https://www.aclu.org/press-releases/91-percent-americans-support-criminal-justice-reform-aclu-polling-finds [Acesso em: 31 jul 2022]. Isso porque "enviar alguém para a prisão para cumprir uma longa sentença aumenta as chances de ele ou ela praticarem outro crime depois que saírem, já que a prisão não faz um bom trabalho na reabilitação de problemas como dependência química e de saúde mental".
21. "130 Top Police Chiefs and Prosecutors Urge End to Mass Incarceration." (October 21, 2015). Brennan Center for Justice. Disponível em: https://www.brennancenter.org/press-release/

130-top-police-chiefs-and-prosecutors-urge-end-mass-incarceration [Acesso: 1º ago 2022].

22. Comunicação pessoal, 06 de novembro de 2018. Kaba, agora morando em Nova York, está trabalhando com outras pessoas no Just Outcomes Collaborative para treinar pessoas em todo o país nos processos de responsabilização comunitária não carcerária.
23. Além disso, a pesquisa é praticamente unânime em estabelecer a maior eficácia, o menor custo e a maior equidade na aplicação da justiça restaurativa em comparação com a condenação e o encarceramento. Latimer, J., C. Dowdenm e D. Muise (2005). "The Effectiveness of Restorative Justice Practices: A Meta-Analysis." *The Prison Journal*, 85(2): 127-44; Poulson, B. (2003). "A Third Voice: A Review of Empirical Research on the Psychological Outcomes of Restorative Justice." *Utah Law Review*, 15(9): 167, 196-98; Sherman, L., e H. Strang (2007). "Restorative Justice: The Evidence." The Smith Institute. (Disponível em: https://www.iirp.edu/news/restorative-justice-the-evidence-report-draws-attention-to-rj-inthe-uk [Acesso: 1º ago 2022]); e O'Mahony, D. e J. Doak (2017). *Reimagining Restorative Justice: Agency and Accountability in the Criminal Process*. Portland, OR: Hart Publishing.

Capítulo 6 – Rumo a um reconhecimento racial: imaginando um processo de verdade para tratar a violência policial

1. Angelou, M. (1993). "The Inauguration; Maya Angelou: 'On the Pulse of Morning'." *New York Times* Archives.
2. As reivindicações por uma CVR vieram do presidente da Fundação Ford Darren Walker; do ex-presidente da NAACP Ben Jealous; do colunista do *New York Times* Nicholas Kristof; do professor de direitos humanos Ronald C. Slye; da representante do Partido Democrata Donna Brazile; do advogado de direitos civis Bryan Stevenson, e de outros.

3. Dois exemplos são o massacre da Ku Klux Klan em Greensboro, em 1979, e o espancamento impiedoso de um professor negro por membros do grupo de ódio em uma garagem no centro de Charlottesville, onde a polícia estava explícita e indevidamete ausente.
4. O termo reconciliação é contestado e muitas vezes desacreditado como aquiescência ou restabelecimento de um estado conciliatório que nunca existiu. No entanto, vejo-o como um processo contínuo de estabelecer e manter relações respeitosas e, quando violadas, restaurá-las por meio de pedidos de desculpas, com reparações individuais e coletivas e com ações concretas que levem a mudanças relacionais e sistêmicas.
5. Um agente foi responsabilizado na esfera cível por um dos assassinatos.
6. É digno de nota que, após uma passeata letal de um grupo de ódio branco ocorrida em 2017 em Charlottesville, o poder legislativo municipal de Greensboro publicou um pedido de desculpas pelos assassinatos cometidos por integrantes da Ku Klux Klan e por nazistas em 1979, e prometeu rever o relatório e as recomendações da CVRG.
7. Llewellyn, J., e D. Philpott, eds. (2014). *Restorative Justice, Reconciliation, and Peacebuilding*. New York: Oxford University Press, p. 18, 23, 29.
8. A teoria crítica de raça é uma lente analítica desenvolvida por intelectuais de destaque nos Estados Unidos, logo após os movimentos pela justiça social dos anos 1960 e 1970, para examinar estruturas de poder.
9. A apropriação comunitária de um processo de verdade e reconciliação em resposta a danos massivos tem precedente em Serra Leoa, África Ocidental, onde a antiga prática de Fambul Tok (ou "conversa familiar") foi revivida para resolver questões decorrentes de uma brutal guerra civil. Esse processo reúne várias

vozes – líderes religiosos e políticos, membros influentes da comunidade, jovens, vítimas de guerra, ex-combatentes – para uma "conversa de família" e cerimônias tradicionais voltadas para o relato da verdade e o perdão. Fambul Tok enfatiza a reconciliação, vista como a restauração da dignidade e o fortalecimento comunitário, como um contínuo processo de cura da comunidade, que continua após a "conversa familiar" ter terminado. O Fambul Tok vem tendo sucesso onde os esforços internacionais de construção de paz voltados para o Ocidente falharam.

10. Blinder, A., e R. Fausset (January 26, 2017). "Nearly 8 Decades Later, an Apology for a Lynching in Georgia." *New York Times*.
11. David M. Kennedy é professor de justiça criminal no John Jay College of Criminal Justice em Nova York e diretor da National Network for Safe Communities [Rede Nacional por Comunidades Seguras]. O Prof. Kennedy e a Rede Nacional apoiam várias jurisdições e funcionários de polícias em todo o país na implementação de intervenções estratégicas para reduzir a violência, minimizar as detenções e o encarceramento, aumentar a legitimidade policial e fortalecer as relações entre o sistema de segurança e as comunidades.
12. Os requisitos de residência podem garantir que os policiais sejam moradores da comunidade em que trabalham, promovendo maior conexão e responsabilização, e reduzindo a probabilidade de que os policiais usem de violência letal.

Capítulo 7 – Um Caminho Para Avançar

1. É importante mencionar que, embora a ideia de reparações esteja hoje ganhando um nível sem precedentes de aceitação geral, o movimento por reparações caminha continuamente nos Estados Unidos, desde a época da escravidão. A National Coalition for Blacks for Reparation in America [Coalisão Nacional dos Negros

pela Reparação] vem carregando a bandeira na era contemporânea desde os anos 1960.

2. Alguns exemplos são: DiAngelo, R. (2018). *White Fragility: Why It's So Hard for White People to Talk About Racism*. Boston, MA: Beacon Press; DiAngelo, R. (2016). *What Does It Mean to Be White?: Developing White Racial Literacy*. New York: Peter Lang Publishing; Irving, D. (2014). *Waking Up White and Finding Myself in the Story of Race*. Cambridge, MA: Elephant Rooms Press; e Painter, N. I. (2011) *The History of White People*. New York: Norton.

AGRADECIMENTOS

O generoso apoio da Restorative Justice for Oakland Youth e da Annie E. Casey Foundation facilitou a conclusão deste livro, e por isso, sou extremamente grata. A assistência dedicada e qualificada do meu editor Barb Toews também foi crucial. O reconhecimento deve ser estendido também a todos os meus colegas da justiça restaurativa que fizeram contribuições importantes através de nossas conversas, particularmente para os capítulos sobre escolas e o sistema de justiça, incluindo Lauren Abramson, Yoli Anyon, Teiahsha Bankhead, Ellen Barry, Tyrone Botelho, sujatha baliga, Thalia Gonzáles, Sonia Jain, Mariame Kaba, Katy Miller, Kay Pranis, Nancy Reistenberger, Danielle Sered e David Yusem. Sou grata à minha irmã, Angela Davis, que me ajudou a conceituar o livro e à minha filha, Angela Eisa Davis, por seu apoio amoroso ao longo do processo, especiau80lmente sua assistência editorial e sua ajuda com o capítulo sobre a visualização de um processo de verdade para os Estados Unidos. As ideias e o trabalho de Margaret Burnham, Jennifer Llewelyn e Brenda Morrison também influenciaram o capítulo do processo da verdade. Por fim, por sua sabedoria e amor únicos, minha profunda gratidão aos extraordinários anciãos indígenas Vusamazulu Credo Mutwa e Gonondo Sheila Mbele Khama.

Sobre a Autora

Fania E. Davis é uma das principais vozes dos Estados Unidos situada na interseção entre a justiça restaurativa e justiça racial. Ela é ativista de justiça social de longa data, advogada de direitos civis, atuante no campo da justiça restaurativa, escritora e acadêmica, com doutorado em conhecimentos indígenas. Quando atingiu a maioridade em Birmingham, Alabama, durante a efervescência social da era dos direitos civis, dois amigos próximos de infância foram assassinados no bombardeio da escola dominical em 1963, o que cristalizou dentro de Fania um compromisso fervoroso pela transformação social. Nas décadas seguintes, atuou nos movimentos de direitos civis, da libertação negra, das mulheres, dos presos, de paz, da antiviolência racial e do antiapartheid. O estudo com curandeiros indígenas, especialmente na África, catalisou sua busca por uma justiça de cura, levando Fania a trazer a justiça restaurativa para Oakland, na Califórnia. É diretora fundadora da Restorative Justice of Oakland Youth - RJOY [Justiça Restaurativa para a Juventude de Oakland]. Suas inúmeras premiações incluem o Ubuntu Award for Service to Humanity [Prêmio Ubuntu por Serviço à Humanidade], o Dennis Maloney Award for Youth-Based Community and Restorative Justice, [Prêmio Dennis Maloney para Comunidade Juvenil e Justiça Restaurativa], o Tikkun

Olam Award [Prêmio Tikkun Olam - Reparar o Mundo], o Ella Jo Baker Human Rights Award [Prêmio Ella Jo Baker de Direitos Humanos], o Bioneers Change Maker Award [Prêmio Bioneers para Realizadores de Mudanças] e o EBONY Power 100 Community Crusaders Award [Prêmio EBONY Power 100 de Ativistas Comunitários]. É membro da Woodrow Wilson e o *Los Angeles Times* a nomeou "Nova Líder dos Direitos Civis do Século 21".

FSC
www.fsc.org
MISTO
Papel produzido
a partir de
fontes responsáveis
FSC® C133282

Texto composto em Versailles LT Std.
Impresso em papel Avena 80gr na Paym Gráfica.